U0165161

2019年年度国家社会科学基金"冷门绝学"
重大研究专项（19VJX016）阶段性研究成果

周伟良 校释

易筋经
校释

中华书局

图书在版编目(CIP)数据

易筋经校释/周伟良校释. —北京:中华书局,2023.2
(2024.2重印)
ISBN 978-7-101-16074-1

Ⅰ.易… Ⅱ.周… Ⅲ.易筋经(古代体育)-基本知识
Ⅳ.G852.6

中国版本图书馆 CIP 数据核字(2023)第 004119 号

书 名	易筋经校释	
校 释	周伟良	
责任编辑	刘浜江	
责任印制	陈丽娜	
出版发行	中华书局	
	(北京市丰台区太平桥西里 38 号　100073)	
	http://www.zhbc.com.cn	
	E-mail:zhbc@zhbc.com.cn	
印 刷	三河市中晟雅豪印务有限公司	
版 次	2023 年 2 月第 1 版	
	2024 年 2 月第 2 次印刷	
规 格	开本/880×1230 毫米　1/32	
	印张 9½　插页 5　字数 240 千字	
印 数	6001-9000 册	
国际书号	ISBN 978-7-101-16074-1	
定 价	38.00 元	

国家图书馆藏西谛本《易筋经义》

易筋經卷上

易筋總論

西竺般刺密帝譯

般刺密帝譯曰世尊大意謂學佛乘者初基有二一
曰清虛一曰勇徃清虛無障勇徃無懈不先辦此進
道無基清虛謂何洗髓是也勇徃謂何易筋是也易
者變也筋者勁也原夫人身髓骨以外皮肉以內四
肢百骸無處非筋無處非筋無勁非筋聯絡周身通
行氣血助翼精神提挈動用試觀筋弛則痿筋攣則
瘻筋廉則痿筋弱則懈筋絕則亡再觀筋壯則強筋
舒則長筋勁則剛筋和則康以上因內賦于天外感

上一

台湾"中央图书馆"藏述古堂本《易筋经》

易筋經序

後魏孝明帝太和年間達摩大師自梁適魏面壁于

少林寺一日謂其徒眾曰盍各言爾所知以識爾等

之功行眾各陳其進修師曰某得吾皮某得吾肉某

得吾骨某得吾毛膚唯慧可竟得吾髓云云後人漫

解之以為喻入道淺深云爾蓋不知實有所指非漫

語也迨九年功畢脫化葬熊耳山郑乃攜隻履西歸

高碣毀碑砌壞於風雨少林僧重修之得一石函雄

無封鎖而千百計不能開一僧慧可者悟曰是必膠

浙江图书馆藏王端履本《易筋经》

金剛三昧堅固地菩薩禪行序　　　　大唐貞觀二年春三月太原李靖

後魏明帝太和年達摩而歷寺中謂徒眾曰益各言所知眾具

陳進偹師曰某得吾皮某得吾肉某得吾髓惟於會可曰不得

吾髓師西去於坐處得一幽藏經二帙一曰洗髓一曰易筋僧

不能譯告佛真正法門眾中一僧命師留此經必非無取乃遍

訪名山於我嵋遇西竺聖僧八刺密帝閱陳求意聖僧曰佛祖

心傳基先於此然經文雖譯佛語淵奧也乃一、指陳上僧於

卷八

五

易筋經內外神勇序

子武人也日不識一字好弄長鎗大劍盤馬彎
弓以為樂值中原淪喪嶽欽北狩泥馬渡河江南
多事予因憶我少保岳元帥之幕著為禪將屢
上戰功遂為大將憶昔年奉少保將令出征後
旋師運鄂歸途忽見一遊僧狀貌奇古類阿羅
漢像手持一函入營囑予致少保叩其故僧曰
將軍知少保有神力乎予曰不知也但見吾少

易筋經 序

四

清刻来章氏本《易筋经》

目　录

述古堂本《易筋经》校释

王端履本《易筋经》校释

武术院本《金刚三昧坚固地菩萨禅行》校释

来章氏本《易筋经》校释

论《易筋经》

　　《易筋经》一名《易筋经义》,长年来有着广泛的社会影响,它与传统武功、传统导引、少林武术史以及武侠故事等有着诸多方面的关系。特别是 2004 年,由于该书被称为"禅宗祖庭、武中道场"的少林寺列为"少林武功秘籍"而经媒体屡屡渲染后,更是名声大振,蜚声海内外。

　　早自清乾嘉开始,已有不少学人论及此书。然而,由于种种原因,特别是文献资料的缺失,使得今人对该书的认识并没有在前人的基础上有所推进,故鲁鱼之讹不时发生,以致几成一个学术公案。这里,就有关《易筋经》的作者、成书年代、主要内容及主要版本进行论述,旨在能对此领域研究补充若干新的认识。

一、《易筋经》的作者

　　《易筋经》的作者为何人,长期来主要有两种说法:一为南北朝时的天竺僧达摩,一为明代天启年间天台紫凝道人宗衡。为了行文方便,本文将这两种观点分别称为"达摩说"和"紫凝道人说"。

（一）达摩说

认为《易筋经》的作者为达摩，其根本依据就是署名唐代"李靖"所写的一篇《序》。序文大意曰：后魏孝明帝太和年间，达摩自梁至魏，面壁于少林寺，期间有某得吾皮、某得吾肉、某得吾骨和某得吾髓之语，迨九年后"遗只履而去"。后因面壁处碑砌坏于风雨，于是少林僧对此进行修葺，其间发现一铁函，函中藏经二帙，一曰《洗髓经》，一曰《易筋经》，"《洗髓经》帙归于慧可，附衣钵，共作秘传"[①]，而《易筋经》则"留镇少林，以永师德"。因原经为天竺文，少林诸僧只能识得十之一二，后来在峨眉山巧遇西竺僧般剌密谛后，才请他译出全文，并告诫后学者"若各能作佛，乃不负达摩大师留经之意"。另外，李靖这篇写于"唐贞观二载春三月三日"之《序》还为我们勾画出了《易筋经》自南北朝至唐代的基本传承脉络：达摩留经少林，少林僧请西竺僧般剌密谛译出后此经一度流落海外，后有位名叫徐鸿客的人在海外得之而授与虬髯客，虬髯客又复传李靖。入宋后，有位据称是岳飞之师的游僧请其麾下的牛皋将此经转交岳飞，岳飞随即又复授牛皋，而牛皋为了不妄传，则将"此册传于嵩山石壁之中"，这一过程也即署名"牛皋"所写《易筋经内外神勇序》的基本内容。

多少年来，李、牛两《序》所记之事因因相传，包括少林寺僧在内的一些人士对此深信不疑，同时，该故事也成为"达摩传武少林"的重要文献依据，云"《易筋》《洗髓》二经确为达摩大师传下""达摩祖

---

① 《易筋经序》，见来章氏本《易筋经》，清本衙藏板。按：后文凡引《易筋经》材料除注明外，都出自此版本，不再一一说明。

师面壁九年传《易筋》《洗髓》之经及内功武功心法，并非迷信和宗教
之说，而是有据可考"①。2000 年，被誉为是"达摩祖师所传、在少林寺
属于上乘功法"的《易筋经》，正式收录于《少林武功医宗秘笈》中，由
中华书局出版发行。

那么，自《易筋经》问世以来历代的学者们对此又是如何评价的
呢？清乾嘉时期知名经学家、史学家凌廷堪在他的《校礼堂文集·与
程丽仲书》中对《易筋经》的李、牛两《序》进行了逐条举证分析，认
为该书"旧传初祖达磨所授，盖依托也"。凌氏提出的证据主要有五
点：1、唐代除玄宗天宝和肃宗乾元年间曾名"年"为"载"外，所有年
号均称"年"，无称"载"者，而李《序》末中记"唐贞观二载"，其伪可
知；2、李《序》中所记徐洪克(鸿客)得之海外而授与虬髯客，虬髯客
又复传李靖之事更为小说家言，因虬髯客乃"唐人戏作耳，非实有其
人"；3、牛《序》尤陋妄，其文中提及的牛皋官爵、字号及籍贯错讹比
比；4、牛《序》有"徽、钦北狩，泥马渡河"之言，徽、钦是指北宋末的
徽宗、钦宗二帝，徽、钦是二帝的庙号。据古代朝典礼仪，帝王的庙号
当在本人死后才拟定。钦宗死于绍兴三十一年(1161)，而牛《序》乃
作于绍兴十二年(1142)，牛皋本人卒于绍兴十七年(1147)，也就是
说其"未来之事又何由而知乎"；5、后附的《洗髓经》，其《序》托名慧
可，有言曰"初至陕西燉煌"，凌氏诘问："后魏时敦煌安得有陕西之
称？"据此，他斥该书"盖不通古今村夫子所臆撰也"②。稍后的又一知
名学者周中孚在他的《郑堂读书记》中，对《易筋经》一书持相同观

---

① 释永文：《少林武术源流初探》，《少林与太极》1990 年第 4—5 期。
② 凌廷堪：《校礼堂文集》卷二五，中华书局 1998 年版。

点，认为李《序》是伪托，"以神其授受也"；牛《序》同样"其伪不待言矣"，并指出该书"各家书目俱不载，殆晚出之伪书耳"①。于此可见，把《易筋经》列为"伪书"者由来已久，并不是个别人所臆想的那样，是由近代学者所提出②。

民国时期，在对待《易筋经》作者"达摩说"问题上存在两种不同观点。如1919年出版的一本《中国体育史》撷拾旧说，在无任何资料分析的情况下把《易筋经》的著作权贸然归于达摩③。由于该书是研究中国体育史的首部专著，所以当时在社会上产生了较大影响。对达摩旧说予以分析批评的，可推民国时期徐哲东和唐豪两位先生。徐哲东在1928年所著的《国技论略·辨伪第三》中明确指出："《易筋经》《洗髓经》不出达摩"，其书"盖明清间人为之，而托其传于达摩"。徐氏有关种种辨伪，依然集中在李、牛二《序》的一些谬误上。如针对李《序》，徐文依据史料指出了如下三点：1、李《序》文末署名"李靖药师甫序"，而据《旧唐书·李靖传》，"药师"乃靖之原名，"靖"为后来所改，今以"药师"为李靖之字，其作伪之证一；2、虬髯客故事"乃出五代杜光庭所造"，其作伪之证二；3、依李《序》所言，翻译《易筋经》之文的西竺僧般刺密谛当生活于隋代，但般刺密谛于武后（按：应是唐中宗）神龙元年（705）曾译《大佛顶首楞严经》。自神龙上溯高祖武德元年（618），已有87年，该僧自西竺来华，亦须在二十年以上。如依李《序》之言，般刺密谛翻译《大佛顶首楞严经》当在110岁以

①　周中孚：《郑堂读书记》，《续修四库全书》第925册，上海古籍出版社1995年影印版。
②　于志钧：《中国传统武术史》第224页，中国人民大学出版社2006年版。
③　郭希汾：《中国体育史》第二编，商务印书馆1919年版。

上，显然有悖常理。而牛《序》之伪的证据则有二：1、《序》文中的所谓"泥马渡河"也"绝非正史事实，乃小说诞妄之言"；2、牛《序》文末自记撰于"绍兴十二年（1142）"，而为了将《易筋经》流传于世，牛皋专程藏之于嵩山。殊不知河南于绍兴十一年（1141）已割归金国，故他如何藏往嵩山，又何必藏往嵩山？鉴于明人伪造古书几成风气，故徐氏认为《易筋》《洗髓》二经的出现，"亦风气使然耶"①。无疑，徐先生的分析是在清代学者基础上的进一步深入，具有相当的说服力。

上世纪三十年代，唐豪先生的《少林武当考》及所编著的《行健斋随笔》中有专文论及《易筋经》两序之伪及作者问题。在《〈易筋经〉牛李二序之伪》一文中，除了同意徐哲东的基本观点外，又补充了两条材料：1、李《序》称达摩于后魏孝明帝太和年间自梁适魏，而太和"为孝文帝年号，前于孝明之立三十余年"；2、李《序》中又有达摩所言某得吾皮、某得吾肉、某得吾骨和某得吾髓之语，而此言皆出后来的《景德传灯录》，为此作者诘问："安有李《序》反引宋代著述之理？"另外，针对《国技论略》中提到的西域僧般剌密谛于神龙年间翻译《大佛顶首楞严经》而推断的般剌密谛之生年，唐豪则提出不同看法，认为《大佛顶首楞严经》"乃出故人假托"，不足为凭。与清代以降讨论《易筋经》作者大抵是围绕李、牛两《序》内容来进行相比，唐豪的研究在前人基础上有了新的突破。早在清代陆善眙藏本《易筋经》首篇中就指出："采战之法"断非达摩祖师真传，而唐先生则在《〈易筋〉〈洗髓〉二经之作者》一文中，根据《易筋经》记述的《配合阴

---

① 徐哲东：《国技论略》第13—17页，山西科学技术出版社2003年版。

阳法》中有关阳盛、阳衰者"以童男女相兼用之,令其阴阳和畅",以及
《下部行功法》中"以之鏖战,泥水探玄,可以得珠,以之求嗣,则百斯
男"的种种之法,提出此类"皆采补御女邪说,惟道家房中术有之,余
故疑是书为羽流者所作"①。从材料史实对两篇《序文》的质疑,到依据
具体内容剥离相关迷雾,应该说是唐先生在《易筋经》作者问题研究
上的一大进展。

上个世纪后半叶对《易筋经》作者的讨论,始于五十年代,八十
年代以后则更为热烈。在1958年人民体育出版社出版的第四辑《中
国体育史参考资料》中,刊登了唐豪撰写的《旧中国体育史上附会的
达摩》一文。文章一方面坚持他三十年代的学术观点,批评了近代以
来一些体育理论家信口沿袭的达摩旧说,"对于附会神仙和佛祖所传
的体育史料,多不实事求是认真加以考证,把后代的体育史料当作前
代的体育史料,把附会的人物当作体育方面的历史人物",认为"历史
是一门分析史料的科学,必须用辩证唯物的方法从根本分析史料入
手";另一方面,明确提出了《易筋经》乃明朝天启四年(1624)由天
台紫凝道人所著的观点。

经过了六七十年代的沉寂之后,至八十年代,有关《易筋经》作
者问题又引起人们的兴趣。但是,从林林总总的材料中不难发现这
样一个情况:除了一些包括少林寺僧在内的部分人士继续坚持"达摩
说"外,在学术界几乎没有研究者认同此说,大致都同意《易筋经》是
明天启四年天台紫凝道人所著,同时,也对相传的"达摩说"进行了

---

① 唐豪:《行健斋随笔》,上海市国术馆1937年版。按:《大佛顶首楞严经》又称《首楞严经》,
共十卷,历史上对该经有真伪之辩。

质疑。当然,从质疑的范围及分析的理论深度看,均未超出近代徐、唐诸人所论。

(二)紫凝道人说

《易筋经》作者"紫凝道人说",是自唐豪先生五十年代提出后被目前众多人士普遍接受的一个观点。但不知何故,一些著述者往往避而不谈唐先生的这一学术见解,给人一种无视前贤的"博古通今"之感。不过,由于所引资料大概并非自己翻检披阅所得,故而在一些重要问题上出现了不应有的疏漏。如1982年出版的《中国大百科全书》(体育卷)"易筋经"条目中有这样一段文字:"清代凌廷堪在《校礼堂文集·与程丽仲书》中认为,《易筋经》是天台紫凝道人假托达摩之名所作①。"然而,相信真正翻阅了《校礼堂文集》一书的人,谁都无法看到这样的文句表述。众所周知,《中国大百科全书》是部有关学科理论知识的权威之作,它对于读者具有查考和教育的双重作用,大概正是由于该书长期来在社会上享有的学术威望,一些好事者又不去查对原著而任意拈来,所以其体育卷所谓的《校礼堂文集·与程丽仲书》记"《易筋经》是天台紫凝道人假托达摩之名所作",为不少人转相稗贩,造成了相当的理论混乱②。

---

① 《中国大百科全书》(体育卷)第453页,中国大百科全书出版社1982年版。

② 如1996年由北京体育大学出版社出版的吴志超《导引养生史论稿》第六章中写道:"清代著名经学家和音律学家凌廷堪在《校礼堂文集·与程丽仲(仲)书》中认为《易筋经》是明代天台紫凌(凝)道人假托达摩之名所作。"其文句与《中国大百科全书》(体育卷)"易筋经"条如出一辙;又如,1997年由中国大百科全书出版社出版的《中国武术百科全书》"易筋经"条也说:清人凌廷堪的《校礼堂文集》考证了"见于明晚期的《易筋经》并非南北朝时天竺僧达摩所作,实为明人天台紫凝道人宋(宗)衡所撰"。还有,《体育文化导刊》2003年第11期上刊登的《易筋经源流考略》中也言之凿凿曰:"清代凌廷堪在《校礼堂文集·与程丽仲书》中,认为《易筋经》是明代天台紫凝道人假托达摩之名所作。"

关于紫凝道人之名，一些早期的相关文献典籍中有所著录。如雍正时期的吴镛跋本《易筋经义》，再如台湾"中央图书馆"藏清述古堂钱遵王抄本《易筋经》，以及嘉道学者周中孚的《郑堂读书记》等，然均未注明紫凝道人为何时、何地人。直至光绪甲申年（1884）的扫叶山房丛钞本《易筋经》，其辑录的《易筋经义跋》末，方题有"天启四年岁次甲子三月天台紫凝道人宗衡"的字样。然这一材料在相当长的时间内并未引起人们注意，仅唐豪先生在民国三十年（1941）二月一日《仙学月报》第二十六期第四版的一篇"来函"中，对此略有提及。上世纪五十年代，自唐豪明确提出了《易筋经》乃"明朝天启四年（1624）天台紫凝道人"所著的观点后，方成为众口一词的不易之论。但唐先生依据的是何种本子，支撑其《易筋经》作者是紫凝道人的具体材料又是什么，《旧中国体育史上附会的达摩》一文并未交代清楚。对此，我们不妨从唐文中透露的某些蛛丝马迹稍作分析。

唐豪的《旧中国体育史上附会的达摩》中，提到了一个后序题曰"嘉庆（二）十二年岁次乙亥二月"的祝文澜本[①]。但该本子是抄本还是刻本，唐先生未有说明，嘉庆年间的祝文澜刊本，后世也不见流传，故很难对此直接进行稽考。不过，早年他在《少林武当考·达摩与〈易筋经〉》中引用的祝文，则出自民国六年（1917）出版的《少林拳术精义》[②]，我们不妨由此寻绎。1917 年，上海大声图书局出版了一本《少

---

① 按：文中的"（二）"，乃唐豪所加。然此说有误。因"乙亥"为嘉庆二十年（1815），嘉庆十二年（1807）是丁卯年，嘉庆二十二年（1817）是丁丑年。
② 唐豪：《少林武当考》第 42 页，山西科学技术出版社 2008 年版。

林拳术精义》，名曰"少林拳术精义"，实际即是杂糅他书而成的一个《易筋经》增演本。然该文本既录有嘉庆十年祝文澜之《序》，也有明天启四年署名天台紫凝道人宗衡写的《跋》——唐豪提出的《易筋经》作者为"天台紫凝道人"，大概即缘于此。当然，也有可能据于他先前见到的扫叶山房本《易筋经》，但不知何故，此材料在唐文中未被提及。

关于"紫凝道人"，历代官私著述、地方史乘不见记载，但言其"天台"，尚有间接材料可证。天台，地处浙江东部，四面环山。在距县城西南近四十里地方，有一山据说因天台宗创始人智顗大师在此经常颂经以致紫云环护，故而取名曰"紫凝山"，《天台山方外志》中又记为"紫凝峰"。境内有紫凝瀑布，唐代陆羽评其为天下第十七泉，该地目前尚设有名曰"紫凝"的行政乡。2007年初，笔者曾专赴天台紫凝山进行过实地考察。据当地村民相告，这里原先僧、道两教香火很旺，尤盛道教，祖辈上就有"千僧万道"之说。另外，在紫凝山的山际险要处，尚存一"紫霄道院"旧址，上世纪四十年代，还见有道士居住。据此，在"紫凝道人"名前加"天台"二字，似非空穴来风。但天台紫凝道人是否为明天启年间人，以及其俗名是否叫宗衡，目前并无文献史料可证。

嘉道前之《易筋经》所记"紫凝道人"，均未言其俗名为"宗衡"；至光绪甲申年的扫叶山房丛钞本《易筋经》及1917年上海大声图书局出版的《少林拳术精义》，方注明《紫凝道人跋》写于明天启四年，紫凝道人俗名"宗衡"。近时有人撰文推断："既然李《序》、牛《序》可以伪造,那么《紫凝道人跋》、作《跋》的年代,也都可以伪造①。"是否伪造,当须材料证明,需要指出的是,即便明天启四年的跋文真实可靠,也难以推断出《易筋经》一书源出紫凝道人的结论来。因为:1、在无任何史料前提下,如何能仅以一篇跋文来简单推定原书作者? 2、跋文首句所言"余读《易筋经义》,因悟世之缁、黄两家,学者多如牛尾,成者希如麟角"(西谛本《易筋经义》)一语,清楚告诉读者:紫凝道人题跋无疑是在《易筋经》成书之后,否则何来"余读《易筋经义》"之说? 眼下许多论著都放言"据考证《易筋经》的作者是宗衡"云云,实不知是如何考证的。可以说,有关《易筋经》的作者到底是谁,尚待新史料的发现。

(三)新说

所谓"新说",即不同于传统观点的另辟蹊径者。2003年第11期的《体育文化导刊》上,刊登了由多人合作撰写的《易筋经源流考略》,该文在对《易筋经》的源流进行了一番论述后,给出了几点颇有新意的"研究之结论":1、《易筋经》源于中国秦汉时期的方仙道之养生术;2、《易筋经》至魏晋南北朝时期分为四家流传;3、《易筋经》改变和形成于唐宋间,明代开始传向社会;4、《易筋经》虽非达摩所原创,但与达摩有渊源关系;5、最早的《易筋经》(十二式)版本应为清代咸丰八年潘(霨)辑《内功图说》。与前代相比,该文实可谓是篇有关《易筋经》起源的"新说"之作。

① 程大力:《少林武术通考》第197页,少林书局2006年版。由百花文艺出版社1999年出版的温玉成所著《少林访古·〈易筋经〉与少林武术起源的传说》一书中亦云:《易筋经》是明代天启年间天台山紫凝道人宗衡托名达摩所编,其李、牛两《序》也为宗衡编造。

首先，称"《易筋经》源于中国秦汉时期的方仙道之养生术"，逻辑上如同称明清时期的某一小说源于秦汉时期的文学一样，虽无大错，然似嫌疏阔空泛，无任何实质内容可言。

其次，所谓的"《易筋经》至魏晋南北朝时期分为四家流传"的史料依据是什么，读其文，通篇谈的只是一般的导引术，难道导引术即是《易筋经》？

再次，对所谓"《易筋经》改变和形成于唐宋间，明代开始传向社会"之论也实在令人莫名其妙：在逻辑上《易筋经》既然"至魏晋南北朝时期分为四家流传"，那么如何谈得上"形成于唐宋间"，而且还是先"改变"，后"形成"？特别是支撑其"明代开始传向社会"的论据又是什么？

还有，认为"《易筋经》虽非达摩所原创，但与达摩有渊源关系"之说，大概是基于作者所认定的"方术之书更难以究诘其字句，如无确凿证据，不应轻作否定之论"而给出的"新论"，也是作者认为前人质疑牛《序》之伪"颇欠公允"的"理由"。但是，事关考镜历史源流之事，为什么方术之书"不应轻作否定"，对于这样一个涉及史学方法的重要问题，竟被作者搁置一边，而支撑《易筋经》"与达摩有渊源关系"的基本史料又是什么，同样"无可奉告"。

最后，作为该文研究对象的《易筋经》，就文章内容而言，显然是指养生之术。然《易筋经》一书难道仅是几个养生功法吗？尤其所谓的"最早的《易筋经》（十二式）版本应为清代咸丰八年潘（霨）辑《内功图说》"，更是不知从何谈起？因为"《易筋经》十二式"早在道光年间的市隐斋本和来章氏辑本中已有著录，其中来章氏本的社会流传量非常大，非常好找，不知作者为何如此疏于翻检；且《内功图说》也并非咸丰八年潘霨所辑，而是由王祖源清光绪七年（1881）所刊，潘霨刊印的是《卫生要术》。对此，唐豪上世纪五十年代发表的《嵩山少林传习的和汇辑的体操》一文中已明确指出：《内功图说》中的"《易筋经》十二图"是"采自道光年间出版的来章氏本《易筋经》"。

无独有偶，人民体育出版社 2007 年出版的《健身气功二百问》中也是这样记述《易筋经》源流的："《易筋经》是源自中国古代的一种以强壮筋骨为目的的健身方法，在《易筋经》流传过程中，少林僧侣起到了重要作用，曾对其改编并用于健身。《易筋经》完善于唐（公元 618—907）、宋（公元 960—1279），自明代（公元 1368—1644）开始在社会上流传。"显然，这一表述与上述的《易筋经源流考略》如出一辙，毫无二致。

二、《易筋经》成书年代

关于《易筋经》的成书年代，目前的文献缺乏直接记载，民国时期的徐哲东先生曾推断该书"盖明清间人为之"。然而此论如何得出，并未作具体论证。有清一代，《易筋经》属于难登大雅的"闲杂"文本。按清人凌廷堪的说法，乃"盖不通古今村夫子所臆撰也"。由于《易筋经》早期并无刻本，抄本亦传世不多，各种书目也少见著录，所以仅从文献目录学的角度来梳理其源流，恐怕难得其要。这里，就《易筋经》书中所透露的内容信息以及目前所见传世文本作一探索。

《易筋经》的李靖《序》中有这样一段话值得注意，其云《易筋经》

留于少林后，因诸僧不能全部看懂，加上无高人口传密秘，"遂各逞己意，演而习之，竟趋旁径，落于枝叶……至今，少林僧众谨（仅）以角艺擅场，是得此经之一斑也"。事实上，这段内容透露出了极为重要的历史信息。众所周知，约自明中期开始，少林寺方才逐步成为天下的"武中道场"，而自唐代至元的七百多年时间内，我们至今未曾发现一条有关少林僧人习武的确凿史料，一些论著中津津乐道的所谓唐代少林"武僧""棍僧"云云，其实那是将明中期开始才有的词汇套用到了唐代，唐代文献中根本无此记述。对此，少林寺方丈释永信亦曾强调：少林武功缘起于紧那罗王信仰，认为"将少林功夫源头直接归结到隋末少林僧助唐史实上，实为勉强"[1]。据于这样的少林武术史实，李靖《序》中所谓的"至今"一词，应是指明中晚期。鉴此，姑且可将这个时间作为成书年代的上限。不过，我们至今尚未发现有清代之前的《易筋经》文本，所以对此"上限"，只是据于学理上的逻辑推断。

关于《易筋经》的成书时间下限问题，我们对目前所掌握的四十余种《易筋经》清代文本进行了梳理比对，发现其中主要有四个早期纪年非常具有研究价值，分别是：中统元年（1260，庚申）、天启四年（1624，甲子）、顺治辛丑（1661）与康熙己酉（1669）。

"中统元年"，见于《易筋洗髓二经》、浙江图书馆藏抄本《易筋经》（清嘉道时人王端履藏本）和道光三年（1823）市隐斋刻本《易筋经·洗髓经》中的《海岱游人序》落款。其中，《易筋洗髓二经》的落款是"大元中统元年庚申九月海岱游人序"，王端履藏本是"中统元年

---

① 释永信：《少林功夫源于信仰　起源救唐王说很勉强》，www.shaolin.org.cn/templates。

秋九月海岱游人序",而市隐斋本则为"大元中统元年庚申秋九月海岱游人题"。

"天启四年",见于祝文澜辑本《易筋经义》(即光绪甲申扫叶山房刊本)中的《紫凝道人跋》,其落款时间是"天启四年岁次甲子三月天台紫凝道人宗衡跋"。

"顺治辛丑",见于日本国立公文书馆所藏两浙沈玉田校定《易筋经》抄本、涵芬楼藏《易筋经》抄本、四川大学藏《易筋经义》抄本和紫微道人跋《易筋经义》抄本等的《海岱游人序》。其中,日本藏"沈校本"、四川大学藏本及紫微道人跋本均以"顺治辛丑"开篇,结尾没有落款时间,而涵芬楼藏《易筋经》抄本在日军轰炸上海时焚毁,原件已不存,《涵芬楼原存善本草目》仅著录书名,1919年中华图书集成公司所出《真本易筋经》中辑录了涵芬楼藏《易筋经》抄本中《海岱游人序》的残篇,其结尾处题曰"顺治辛丑海岱游人张月峰记"。

"康熙己酉",见于四川大学藏《易筋经义》抄本、国家体育总局武术研究院藏《少林拳棒枪刀谱》抄本卷八的《金刚三昧坚固地菩萨禅行》,以及陆善眙所藏《易筋经》抄本中的紫凝道人跋文。四川大学藏本落款是"康熙己酉冬月跋于古肃然山向云硐中",国家武术研究院藏本是"康熙己酉冬月紫凝道人识于古肃然山之白云硐",而陆善眙藏本的落款时间为"大清康熙己酉冬月紫凝道人跋"。

紫凝道人跋文在台湾藏述古堂本《易筋经》抄本、国图藏西谛本《易筋经义》抄本、紫微道人跋《易筋经义》抄本、《祝由科》附录本《易筋经》抄本、《易筋洗髓二经》、王端履本《易筋经》和市隐斋《易筋经》刻本等诸多版本中均无年款,而四川大学藏本、国家武术研究院藏本和陆善昭藏本中则有题为"康熙己酉"的历史纪年,因此值得引起重视。

陆善昭藏《易筋经》有几种光绪抄本,未见刻本,其主要内容是道光年间的《调气炼外丹图》(后世《易筋经外经图说》《全图易筋经》等也属于此体系),属于比较晚的另一功法系统,虽然此本与早期《易筋经》不是一个传系,但也杂糅了《易筋经》的部分内容。

国家武术研究院藏本《易筋经》抄录在《少林拳棒枪刀谱》卷八后,无题名,李靖作《金刚三昧坚固地菩萨禅行序》,卷末有署名"紫凝道人"的跋文。此本抄写年代不详,其中"玄珠"之"玄"不避康熙帝名讳。

四川大学藏《易筋经义》抄本,前后衬页为1926年报纸,前衬页题:"丁卯年全月十五日,中华民国十七年一月七日,此书为古岳少保所习之武功,若照此久习可屈病延年。"正文"玄珠"写为"元珠",但"玄机"之"玄"、"弘""宁"不避讳。《易筋经》后附《心经》等别文,其中"玄"字不避讳。按此本《紫凝道人跋》,其落款是"康熙己酉冬月跋于古肃然山向云硐中",后又另起一行再落款"乾隆三年八月初旬忘己氏录于素云楼"。从避讳情况看,《紫凝道人跋》形成于康熙八年己酉(1669)是可能的。因为康熙初年对于避讳并不严格,"玄"字写为"元""玄"都是正常现象,而"弘""宁"不避讳,则清楚表明该本应是乾隆之前的文本。另外,《紫凝道人跋》后的"乾隆三年八月初旬忘己氏录于素云楼"一语,说明这个本子是忘己氏于乾隆三年过录的。当然,从此本的用纸、面封及衬页等情况分析,可能此本最终抄录或装帧的年代比较晚,但这并不排除其内容是源自较早的传本。

那么,四个纪年中哪个更符合《易筋经》的成书年代下限呢? 题有"中统元年"纪年文本(如《易筋洗髓二经》、王端履本《易筋经》及市隐斋本《易筋经》等)比较晚出,大概在清嘉庆、道光年间,而此前《易筋经》文本中的《海岱游人序》,则是"顺治辛丑"纪年。据此,所谓"中统元年",无疑是后来产生的。"天启四年"仅见于清晚期祝文澜辑本《易筋经义》,尚未看到有光绪之前的传本,且史学界向有"孤证不立"之训,故不足信。接下来的"顺治辛丑"(1661)和"康熙己酉"(1669),前后仅差八年,显然存在时间上的衔接关系,可视为同一时期。如四川大学藏本前有《海岱游人序》的"顺治辛丑"开篇,后有《紫凝道人跋》的"康熙己酉"落款;而国家武术研究院藏本则是将《海岱游人序》与《紫凝道人跋》合并成了一篇,文中"辛丑"与"己酉"首尾同时出现。另外,雍正十三年(1735)吴镛跋本《易筋经义》中的《紫凝道人跋》,其落款是"雍正八年岁次戊戌嘉平月泽园高鸣谨识"(此本可定为雍正年抄本),这说明紫凝道人最晚在康熙年间确已存在。因此,"顺治辛丑"和"康熙己酉"作为相距时间不远的一组纪年,应可作为判断《易筋经》成书年代下限的基本文献依据。

三、《易筋经》主要内容

尽管自清晚期以来《易筋经》之名已广为人知,但它的内容究竟是什么,答案并不一致,如有人认为是部"导引养生专著",也有人说它是"武功秘籍"。然而,就目前所掌握的诸多文本而言,《易筋经》一书的内容较为丰富,且在不同时期,其各文本内容也有所不同及增益。

目前所见一些早期《易筋经》文本（如日本国立公文书馆所藏沈玉田本《易筋经》、台湾"中央图书馆"所藏述古堂本《易筋经》与国家图书馆所藏西谛本《易筋经义》等），其主要内容基本可分三大部分：一是旨在强身延年的导引功法，二是旨在克敌制胜的武术功法，三是旨在可鏖战求嗣的房中术。其中，归属第一部分的导引练气功法占了很大比重。首先，在《膜论》中明确提出了"修炼之功，以气为主"（西谛本《易筋经义》）的观点。其次，具体练功方法也有所介绍，如《内壮论》所云的"须含其眼光，凝其耳韵，匀其鼻息，缄其舌气，四肢不动，一意冥心，存想中处。先存后忘，渐渐至于如如不动，是名曰'守'"（同上）；《揉法》中记有"其则有三"的自我按摩法；还有如《日精月华》中的"宜初出时登高默对，调匀鼻息，细吸光华，令满口，闭息凝神，细细咽下，以意送之，至于中宫，是为一咽"（同上），以及诸月行功法等。周中孚之所以概称其为"讲内丹书"，可能即据于此。

归属第二部分的武术功法主要记述了有关功法的习练原则与具体方法。关于原则，一是强调先练气内壮，"内壮既熟，骨力坚凝，然后方可引达于外。盖以其根在内，由中达外，有本之学也"（同上）；二是要求练功必须开始以轻为主，"渐渐加重"，并须持之以恒，"惟有恒者，能享用之；亦惟有信心，乃能取之"（同上）。其练功方法大致有以下几种：

1. 排打功。用木杵、木槌或盛以圆石的石袋对全身进行排打，以使皮肉筋膜坚壮。

2. 掌臂功。先以意领气，使任督两脉气充，遍满全身，然后用石袋从肩至手、至指依次拍打,百日后能使"骨中生出神力,久久加功,其臂腕迥异寻常,以意努之,硬如铁石。并其指,可贯牛腹;侧其掌,可断牛领;努其拳,可碎虎脑"(同上)。

3. 指功。将豆置斗中,以手插豆,不计其数,如此功久,则以积之气行至于手,其指坚如铁石,以之御物,莫能挡之,此法也可能即后来一些拳谱介绍的点穴功法之一。

关于掌臂功及指功之类的功法训练,书中明确指出:尚需煎熬汤药经常洗手,以和其气血。

第三部分的房中术内容,全书中比重不多,主要见于《阴阳配合论》和《下部行功法》。所谓配合阴阳法者,即是用童男、童女或少男、少妇相间揉之,"令其阴阳和畅";在《下部行功法》中,更是详细介绍了"两处十一段"的壮阳之法,加上呼吸之法和药水烫洗,"功成物壮,鏖战胜人"。唐豪先生当年正是据此,提出了《易筋经》"为羽流者所作"的观点。联系到《易经总论》中的"我命在我……立跻圣境"之言①,以及《洗髓经·洗髓还原篇》中所说的"浃骨更洽髓,脱壳飞身去。渐几浑化天,末后究竟地",唐氏之论确为独具法眼。

至清道光年间,这时期付梓问世的市隐斋本和来章氏辑本《易筋经》等,显然又在前代的基础上有所增演,增演的内容大致有二方面:一是在正文部分添加了《运力势法》(或曰《贾力运力势法说》)和《十二势图》;二是增加了包括《木杵木槌图》及《任脉之图》《督脉

---

① 按:"我命在我"是道教的基本思想,原出魏晋道教经典《西升经》,其云"我命在我,不属天地"(参牟钟鉴等《道教通论》第231页,齐鲁书社1991年版),葛洪的《抱朴子·内篇》亦有句云:"我命在我不在天,还丹成金亿万年。"深刻反映了古代道教强调通过个人努力,以冀长生不老的思想。"我命在我"一语,见西谛本、述古堂本及武术院本等,来章氏本则无。

之图》等内容。其中如流传极广的《易筋经·十二势图》,目前首见于市隐斋本。关于《十二势图》的缘起,来章氏辑本首称"此功昉自释门"。在武术功法方面,来章氏辑本则在原有基础上增加了数种内容:一是指功练法,即按自己力量大小,拣圆净重石一个,用五指抓拿,撒手掷下,不令着地,用手指抓起,逐渐增加抓的次数和石块重量,"五指自觉有力";此外还有沙袋功,方法是初将一个五六十斤重的砂袋悬挂架上,运气毕,即掌推、拳击、足踢、脚蹬,"务致动摇""迎送日久,渐加砂袋斤重"。这些内容充分反映出清前期至清中期《易筋经》文本内容的增益变化。

大概自清道光年间之后,《易筋经》基本沿着两个内容体系发展。一个体系是在原来基础上辑录了更多的导引养生内容,如清咸丰八年(1858)刊刻的《卫生要术》和光绪七年(1881)刊印的《内功图说》,以及光绪二十一年(1895)周述官编印的十七卷本《增演易筋洗髓内功图说》。有的干脆将《易筋经》之内容全部演编为导引养生,如清光绪年间刊印的《易筋经义服气图说》,该书开宗明义以"吞气为行功最为紧要",通篇内容是六十四式导引图势。另一个体系是逐步突出《易筋经》武功方面的意蕴。如1917年由上海大声图书局出版的《少林拳术精义》,该书不仅把《易筋经》直接更名为《少林拳术精义》,而且其书中内容也有较大变动。具体反映在:

1. 增加了属于排打功法类的"打功"训练。从所绘图式看,"打功"的各式动作名与《易筋经义服气图说》同,但所用的排打器材不同,要求"用连壳粟谷,装入长圆小布袋内,以双层蓝布为之……粟谷约重二斤"。

2．早先《易筋经》中的《下部行功法》原为房中采补术，文中虽有"虽木石、铁槌，亦无所惮"之语，但其旨趣是床笫间的鏖战与求嗣。而该功法在《少林拳术精义》中则改名为"铁裆功"，其目的为"功足气坚，虽曰隐处，亦不畏椎梃也"，显然在练功的价值取向上两者发生了差异。

就内容而言，如果说《易筋经》的导引养生方面内容是以知识阶层为主要群体，其武功方面内容，则长期来在广大民众间产生了极为强烈的文化影响，尤其被冠以"少林"名号后，这种影响更为显著。成书于道光年间的《三异笔谈》卷四中记述了一个比武故事：某人欲与一僧比武，然有所胆怯，在旁的一位朋友对他说，"君所习《易筋经》，今何怯也"？此言透漏出这样一个信息：在当时一般人看来，习练《易筋经》后的技击功效应非同寻常。晚清王韬编著的《淞隐漫录》中也不止一次提到《易筋经》，有的故事还与少林武功发生一定联系。显然，清道光以降，《易筋经》作为武侠传闻故事中的重要元素已相当普遍，这对后来武侠小说将其作进一步的铺张、演义，提供了创作题材。与此相应的是，晚清的少林拳谱中，也将《易筋经》辑录其中。如国家体育总局武术研究院所藏之《少林拳棒枪刀谱》卷八中，即录有题曰"金刚三昧坚固地菩萨禅行"的《易筋经》内容。

历史上，《易筋经》与少林寺有着一种"割不断，理还乱"的文化姻缘。究其原委，不少人也许可举出以下几点理由：

1．《易筋经》的作者借托达摩所致；

2．《易筋经》的若干版本传自少林；

3．历史上少林僧为《易筋经》的传播、发展做出了重要贡献。

应该说，以上所举对了解《易筋经》与少林的关系也许具有一定启示意义，但未能解释清楚该书与少林武功关系的深层原因，更解释不了为什么清晚期以来《易筋经》会成为诸多武侠小说中的重要题材这一历史现象。

首先，单一的假托达摩创编《易筋经》不可能具备如此深远的文化影响力，充其量如同《宋史》中记录的《达摩存想法》一样，会被尘封在历史的岁月中，也鲜有人会去考证《达摩存想法》与少林禅寺的关系。将"我命在我……立跻圣境"的《易筋经》与达摩相联系，从一个方面折射了这位禅宗初祖至十四世纪前后在民间宗教中的神像变化。据史料，元明时期的白莲教内就传有达摩"只履西归，普化空棺，皆为此术有验，谓之形神俱妙生死秘法"之说，并"递向传习"，习练的方法有"气从鼻出""鹊巢贯顶"及"芦芽穿膝"等[①]。历史上之所以声称《易筋经》传自达摩，当与这一时代背景密切相关。

其次，清人王祖源光绪七年（1881）摹刻了咸丰八年潘霨的《卫生要术》，并改名曰《内功图说》，据其本人所述，此书亦即他昔年在少林寺得到的"内功图"。光绪二十一年（1895），由周述官作《叙》的《增演易筋洗髓内功图说》问世，据说此书是位来自"嵩山少林"的空悟所传。然而在内容上，两份《内功图说》均偏重导引养生功法，尤其是王祖源的《内功图说》，毫无武功方面的内容，通篇为"去旧生新，充实五脏，驱外感之诸邪，消内生之百病"而以求却病延年之论。

至于历史上少林寺僧为《易筋经》的发展做出了重要贡献，诚是。

---

① 杨讷：《元代白莲教研究》第74页，上海古籍出版社2004年版。按：元代开始，达摩已被民间宗教改造为协助弥勒佛完成三期末劫总收圆的佛祖之一（参濮文起《中国民间秘密宗教辞典》第37页，四川辞书出版社1996年版）。

唐豪在《嵩山少林传习的和汇辑的体操》中认为：由于清代民族压迫统治的关系，就使得在明朝以习练武术而闻名天下的少林寺改为导引养生术，并向外传习。在这一点上，王祖源的《内功图说》即是一例，反映了"少林处于清王朝的民族压迫统治下，不敢传习武术而传习体操，不断添加内容，积累到咸丰初年或更早一些时候，才汇编成少林'内功'"。也就是说，斯时少林寺传出的《易筋经》全为"却病延年、共登寿域"的导引术，而不是旨在"并其指，可贯牛腹；侧其掌，可断牛领；努其拳，可碎虎脑"的武术功法。洪振快先生曾在他的《讲武论剑》一书中写道："尚未发现清代道光之前的武侠小说中提到《易筋经》，而从晚清光绪年间开始，《易筋经》则频繁出现在武侠小说中[①]。"我们还可以进一步补充说，民间与《易筋经》发生联系的武功传闻故事，还往往与少林有关。那么，形成这种历史现象的原因是什么呢？

　　关于包括武侠小说在内的民间传闻故事，站在历史学的角度，"只能作为文学作品来研读，而不能作为信史引用"[②]。不过这类故事尽管没有按照严格的历史逻辑进行，但它总是在特定的历史条件下和文化背景下产生的，也必然负载着那个时期的历史内容和文化信息。因此，我们如果把有关《易筋经》的武功传闻故事的产生放到明清时期少林武术的历史背景下，也许对此会有一个较为清晰的认识。

　　在古代武术史上，明清两代是少林武术发展的重要时期。明代军事家戚继光的《纪效新书·拳经捷要篇》中尚记"少林寺之棍与青田棍法相兼"，稍后程宗猷的《少林棍法阐宗》已将少林棍法誉为"无

---

　　①　洪振快：《讲武论剑——金庸小说武功的历史真相》第 7 页，新星出版社 2006 年版。
　　②　仲富兰：《中国民俗文化学导论》第 546 页，浙江人民出版社 1998 年版。

上菩提"，且寺内还有"专攻于拳者，欲使与棍同登彼岸也"[1]，而郑若曾的《江南经略》卷八中更记曰："夫今之武艺，天下莫不让少林。"显然，明后期的少林寺不仅是座"禅宗祖庭"，也已成为独领风骚的"武中道场"。并且，由于寺僧们对外御敌护国、对内维护统治的入世行为，所以屡受官府的褒奖与呵护，如一块万历九年（1581）的碑文上清楚镌刻着"少林寺系圣僧香火，且有护国克敌之功"等字样。另外，少林寺奉行的"保邦靖世即传灯"，也得到了士林阶层的高度赞赏。如顾炎武《少林寺》"疆场有艰虞，遣之捍王事……寄语惠玚流，勉待秦王至"的少林诗句吟哦中，寄托了这位著名思想家对光复故国山河的深切期望。不难想象，在普通百姓"每每拿绅士的思想作为自己的思想"[2]的社会中，主流文化的这种赞赏、评价会对一般社会民众产生多大的文化影响！入清后，少林武术从前朝的政治倚重中游离出来，复杂的社会矛盾激荡迫使其进一步依托于广袤的民间，由此获得自身的发展动力，这是少林武术史上的一个重大转折点。值得注意的是，这期间的少林武术内容不再满足于一般的拳、棍、刀、枪等常规武技，一些被渲染、夸张的各色奇特功夫，成为此时期少林武术在民间传闻故事中的一种文化走向。诸如无坚不摧的硬功，凌空蹈虚的轻功等等，一切与高超武技有关的技击功夫都会被编撰为故事段子流传于市井村镇。尽管这类故事段子更多的是吸收了武侠故事、公案小说及乡里趣闻等发展而来，许多情况下它只是在一定文化背景下所构拟的一个象征性符号，但其中素朴地映现了下层民众对少林武术的

---

①　程宗猷：《耕余剩技》，吴兴周氏言言斋 1926 年影印本。

②　鲁迅：《而已集·革命时代的文学》，《鲁迅全集》中国致公出版社 2001 年版。

价值推崇与认同,百姓们按照自己的理解水平与价值诉求,塑造着少林武术的文化形象。正是在这样一种文化认同下,所以清代才出现了诸如"今人谈武艺,辄曰从少林寺出来"①之类的美谈。

从"今之武艺,天下莫不让少林"到"今人谈武艺,辄曰从少林寺出来",集中凸显出明清两代少林武术文化的历史发展。如果说明代的"今之武艺,天下莫不让少林",表明的是当时人们对少林寺武技的赞许和推崇,而其后的"今人谈武艺,辄曰从少林寺出来",则隐喻了少林武术不但为当时社会所普遍认同,而且映衬出发展至清代的少林武术已被赋予了更丰富的文化内涵。因此从这个意义上说,前人所谓的"天下武功出少林"的"少林",不再是个原生态意义上的实指概念,而是已发展成为一个以"少林"为名号的次生态文化符号②。正是由于这样一种文化认同以及自身所具有的社会价值,所以"少林"一名才可能在历史上被人们按其需要所借用:或将民间各类结社组织名为"少林"(如清代天地会的"南少林",北方拳会组织中的"少林会",川省等地教门组织中的"少林青主教"等),或曰拳技功法传自少林寺云云。《易筋经》之所以能演绎为少林武功传闻故事,其最主要的文化背景也在于此。

固然,《易筋经》假托达摩之名,也许是该书能与少林发生联系的一个文化起因,但若无历史上少林武术翕然天下的盛名,恐怕很难激发出两者之间的文化联系,以及如此广泛的社会影响。另一方面,历

---

① 褚人获:《坚瓠余集》卷三,江苏广陵古籍刻印社 1995 年版。
② 按:这里的"少林原生态文化"与"少林次生态文化"是据于武术文化层面而提出的两个概念,详见周伟良《简论少林学中的少林武功研究》,《体育文化导刊》2006 年第 4 期。

史上的少林武术其本身也是一个不断善于吸收天下武功精粹的开放性系统。早在明中叶,少林寺僧就曾向著名抗倭将领俞大猷学习过南方棍技[①];稍后,少林僧洪记因较技不如人而"心折百拜请受教",另一位原出少林的刘德长亦"自嫌技未至精,又遍游天下,而后有得"[②]。翻检近代以来编撰的有关少林拳谱图籍,少林武术兼容并包其他拳法技理的情况就更为明显了,这恐怕也是清代少林寺会将《易筋经》纳入自身拳谱的一个内在因素。

综观《易筋经》,其中既有以呼吸吐纳为特征的内功,又有以练掌、臂、指、腿为内容的硬功,这些对于一贯强调"练拳不练功,到老一场空"的传统武术来讲,都是不可或缺的重要组成,尤其是其中的内功。传统武术中的内功是一种在呼吸过程中采用以意领气、以气摧力为基本锻炼方式的重要功法。从中国古代体育史的角度加以考察,气功、导引与武术有着各自的渊源脉络,但在具体的历史进程中,两者发生了交融。气功、导引的活动方式、功理功法和价值观念对传统武术发生了深刻影响,而这一过程普遍发生在明代,确切说是在明代中后期,从而使古代武术无论从理论上还是技术上,都进入到了一个前所未有的历史发展期。正是在这一潮流下,在社会普遍认同少林武术的同时,人们给"落于技艺……仅以角艺擅场"(西谛本《易筋经义》)少林武术注入了更为丰富的文化内容,形成了一个饶有趣味的少林武术文化现象,这也是今天研究少林武术史时一个值得注意的问题。

---

① 参俞大猷:《正气堂集》,盋山精舍 1934 年影印隆庆刊本。
② 参吴殳:《手臂录》卷一,山西科学技术出版社 2006 年版。

四、《易筋经》主要版本

古代的文献典籍总是需要通过代代的传抄或刻印方能流传下来,这样就形成了各色"版本",并成为一门传统学问,从中也清晰反映出文本内容的历史流变。有关《易筋经》的版本,据史料所记及笔者所见,其量不少,但内容相当驳杂,有些记述也并不符合史实。比如,曾有人说:"在清初,为了夺得少林寺最高武功的秘诀——《易筋经》,武林各派曾相互杀戮。为此,乾隆皇帝亲临少林,命令主持方丈将《易筋经》献出来,由国家印刷流传①。"故事的前部分内容显然演绎于乡里传闻,而后部分所谓的乾隆帝命少林寺献出《易筋经》,更属于子虚乌有的杜撰,因为任何官私文献书目中都找不到这方面的记录,任何藏书家也从未收藏过乾隆朝由官府刻印的《易筋经》。有关《易筋经》版本,目前尚未见到明代的,然清代以降,各类文本激增。下面,除去本书校释的西谛本、述古堂本、王端履本、国家武术院本以及来章氏本五种外(此五种介绍详见各本提要),就其它若干种具有代表性的文本稍作介绍。

1. 沈玉田本《易筋经》

清抄本,无抄录者姓名及年代,现藏于日本国立公文书馆,因文中有"两浙沈玉田校定"之语,故名。据日人大庭修的《江户时代中国典籍流播日本之研究》一书介绍,沈玉田是享保九年(1724)到日本的,其它情况则不明。该本钤有三方阳文章:卷首右下方为"浅草文库",上方为"日本政府图书",末页为"昌平坂学问所"。据《日本

---

① 周明等:《易筋洗髓经》第1页,天津大学出版社1994年版。

藏书印鉴》一书介绍,日本的昌平坂学问所又名"昌平校",因孔子生于鲁国昌平而名。昌平坂学问所正式成立于宽政九年(1797)。据此,沈玉田本《易筋经》最迟在昌平坂学问所时期已传入日本。值得注意的是,沈玉田本《易筋经》正文二十四则,少于诸本,而最后的《易筋经问答》,则以设问的方式提出了二十二个问题,并逐一进行解答,这是该本独具特色的地方。

2. 吴镛跋本《易筋经义》

清抄本,现藏国家图书馆。此本无李靖《序》与《海岱游人序》。其正文后为"紫凝道人曰"的跋文一篇,末署"雍正八年岁次戊戌嘉平月泽园高鸣谨识",内容与他本《紫凝道人跋》大体相同,作者高鸣不详。其后又有跋文一篇,末署"时大清雍正十三年岁次乙卯腊月长洲约亭(良翰甫)吴镛识",文中记述了吴氏获得此书的经过,这也是称此本为"吴镛跋本"的原因所在。从行文格式及避讳情况看,该本严格遵守清制,凡遇"朝廷""圣祖"等均顶格书写,文中"玄"字缺末笔,为避康熙讳,但"弘"字不避乾隆讳,由此可以判定该本当为雍正时期抄录无疑。

3.《乐马厂图记》附录本《易筋经》

清抄本,无抄录者姓名及年代,现藏国家图书馆。此本原抄录于《乐马厂图记》一书之后,无题名,因正文首题曰"易筋经",故名。《乐马厂图记》是云南昭通府乐马厂矿场志书,为江苏苏州人周某乾隆朝所编,乾隆四十五年浙江湖州人陆廷锦为此书作序。《乐马厂图记》附录的《易筋经》序、跋仅《补易筋经序》和《附后跋》两篇,前者实即李靖《序》,但其篇名仅见于此本,后者内容大体与各本《紫凝道人跋》

一致。另外,正文中的《火候》在他本中则称“用战”或“余技”,且“运杵捶法”一语,亦仅见于此本。

4.《易筋洗髓二经合编》

清抄本,无抄录者姓名、年代及书名,因目录页有“易筋洗髓二经合编目录”一语,故名。在时间上,此本“弘”字不避乾隆帝讳,而“玄机”作“元机”,当避康熙帝讳,由此推断原文本可能成于清康熙末期至雍正年间。与诸本《易筋经》相比,《易筋洗髓二经合编》除了诸如《洗手臂方》《般剌密帝内壮口诀歌》等为别本所无外,《易筋经后跋》后所辑录的《行功揉法图》《石子图》《行功捣打图》《配合阴阳图》《八段图》等,也为其他诸本所无。

5.祝文澜本《易筋经义》

清抄本,封面题有“易筋经”书名,下题“嘉庆年旧钞本”。原本较为破旧,页中个别地方已有修补,且其每页之间用晚清刊刻的《中法条约》《中美华盛顿续约》等书衬垫。抄本内容与光绪甲申年(1884)上海扫叶山房所刻祝文澜辑本《易筋经义》一致,文中诸如《观心返本》《洗心退藏》及《法轮自转》等,则为其他诸本所无。文末为题署“天启四年岁次甲子三月天台紫凝道人宗衡”所写之《跋》及“嘉庆十年岁次乙亥二月祝文澜谨志”的《辑合易筋经义序》。祝文澜,上海南汇周浦人,字晋川,号秋田,清道光年间诸生,大概生活在清嘉庆至咸丰年间。

6.市隐斋本《易筋经》

清道光三年(1823)刻本,傅金铨辑。因封面题有“道光三年新刊易筋经市隐斋藏板”字样,故名“市隐斋本”。傅金铨为清中期著名道人，市隐斋则无考。关于市隐斋本，民国时期唐豪早在其《少林武当考》曾有提及，然未披露具体内容。市隐斋本《易筋经》上下两卷，共二十九则内容。值得注意的是，作为《易筋经》标志性功法的《十二势图》，一般认为最早出现在来章氏本里。但据此本可知，《易筋经》的《十二势图》目前最早见于清道光三年的市隐斋本。另外，该本还辑有《洗髓经》一卷，但无来章氏辑本中托名慧可的《翻译洗髓经意序》，而末尾的《续考释典翻译本经梵语字》，则为来章氏本所无。

7. 《秘传神勇易筋仙经》

清抄本，其封面左，题曰"秘传神勇易筋仙经"；封面右，书有"岁在摄提格玄黓子瓜月下澣后九日题"字样。"摄提格玄黓"为古代星岁纪年法，即壬寅年，瓜月即农历七月，"澣"通"浣"，"瓜月下澣后九日"，即农历七月二十九。引人注意的是，抄本中有两处"宁"字，或写成缺上部"心"的"宁"，或为缺下部"丁"字的"宀"。这一现象的出现，似因避道光帝讳所致。鉴此，该本的抄录年代应不会早于道光年间。在内容上，《秘传神勇易筋仙经》大致由两部分组成。前半部分，基本是沿承前代的《易筋经》，后半部分则全为道教内丹炼养著述，具体内容主要源自清代著名内丹家柳华阳的《大成捷要》等相关典籍。

8. 紫微道人跋本《易筋经义》

清抄本，封面题署"易筋经义"，无抄录者姓名及年代等信息，因其《易筋经后跋》开篇有"紫微道人曰"，与传世诸本的《紫凝道人跋》均不同，故名。虽然从抄本保存情况和纸张上看，似是较晚的过录本，但文中"玄""弘"不避康熙与乾隆帝讳，且内容篇章较少，故其原本可能成于康熙早期。另外，此本无《用战》一则，这与沈校本、西谛本等相同；而正文止于《内壮神勇》，其篇幅与王端履本略同。值得注意的是，该本的《易筋经后跋》末尾处另起一行，增加了"此经百练百成，自宜珍重，慎勿妄传，若轻泄真机，彼此无益，且犯神谴，各宜慎之"一句，此语为别本所无。

9.《秘授易筋经》

清抄本，封面及扉页均题"秘授易筋经"书名，并有"家彦氏藏""习学山人藏"字样，书末另有"道光己酉（1849）二月下旬八日谢宾源录"款识。"习学山人"与"谢宾源"为何人，均无考。《秘授易筋经》无序文，有《紫凝道人跋》。正文《余事》一节，相当于他本的《用战》或《余技》。其《跋》后为《二十四节气坐功却病图》，共二十四幅，其后又是《八段锦导引图》八幅，均出自传世导引养生图籍。

10.《卫生要术》

该本由清代江苏吴县人潘霨于咸丰八年（1858）刊印，无李、牛序文。潘霨在其序文里十分清楚地记述了该书的来源："兹编取丰城徐鸣峰本，参之医经各集而略为增删。"而书中的《易筋经·十二图势》，显然取自市隐斋本或来章氏本《易筋经》。不过，对于《十二图势》的具体文字注解则有所区别，《卫生要术》通篇为或四、或五、或七言韵文。特别是有关《十二图势》的来源问题上，来章氏本中记曰"此功昉自释门"，而《卫生要述》在《掉尾势》中称为"达摩西来，传少林寺"。据此，唐豪曾在《旧中国体育史上附会的达摩》文中提出"（《易筋经》）十二势的附会达摩是从公元1858年开始的"，也即由潘霨的《卫生要术》开始的。

11.《卫生易筋经》

清刻本,由宋光祚刊刻于清同治十三年(1874)。就内容而言,《卫生易筋经》实际上是将来章氏本《易筋经》与《卫生要术》辑合而成,正文部分将《易筋经》中《十二势图》删除,换成《卫生要术》的《十二段锦》,在《易筋经》附录之后是《卫生要术》的第二部分《分行外功诀》等内容,第三部分才是《易筋经十二图》。《卫生易筋经》的清代翻刻本主要有两种:一种封面印有"卫生易筋全图",书名页版式与原刻本类似;第二种封面印有"文成堂卫生易筋经",书名页中间题曰"卫生易筋经",右上角有"光绪丙申重镌"等字样。

12.《绘图易筋经传本》

清抄本,封面题"绘图易筋经传本"书名,末有"大清光绪元年小春月刘启元录"款识。正文前为李靖、牛皋、紫凝道人和海岱游人的四篇序,其中《海岱游人序》的落款是"顺治辛丑春三月海岱游人张月峰记"。序文之后是《内运周天火候》,此篇未见于其它诸本《易筋经》,其后的正文节目也与他本有出入。在《后跋》之后,另有《附续外壮图三十式则》《卧功三则》共三十三幅练功图,均未见于他本。最后一篇《五行生死顺逆论》,讲述五行生克制化之理,其内容当与此前的《易筋经》无关。

13.《内功图说》

该本由清人王祖源于光绪七年(1881)刊印,后被收入《天壤阁丛书》中。《内功图说》内容与稍前的《卫生要术》完全一样。关于《内功图说》来源,王祖源在序文中曾有说明,是他昔年寓居嵩山少林寺时曾得《内功图》和枪棒谱,后来又得潘霨的《卫生要术》,翻阅之下,

发现《卫生要术》亦即《内功图说》。为此,他"重摹一帙,以示后学",
并将《卫生要术》复名为《内功图说》。唐豪曾对《内功图说》的内容
构成有过系统的条贯梳理,指出该书的来源共有四部分:其中的《十二
段锦》《分行外功诀》《内功图》和《五脏病因》,来自乾隆年间徐鸣峰
的《寿世传真》;其中的《神仙起居法》原为五代杨凝式传下的按摩法,
该按摩法也是《方仙延年法》的前身;其中的《易筋经十二图》,来自道
光年间来章氏本《易筋经》;其中的《却病延年法》,来自雍正年间颜伟
所编的《方仙延年法》。不过相比较,来章氏本中的《易筋经十二势图》
均为俗装,而《内功图说》的十二图式则是僧衣。

14.《增演易筋洗髓内功图说》

印本,共十七卷,清光绪二十一年(1895)由重庆人周述官编印,
1930年刊印,扉页印有"少林真本"四字。据周述官自撰的序文可
知,编者原先身体羸弱,幸于光绪十七年(1891)春邂逅习练少林功夫
的陈老师,"劝以其功疗之,尽传心授",其后"又于成都道院得《内功
图说》一册,简摩日久,稍有所得",光绪十九年(1893)复于四川资阳
通慧寺巧遇空悟禅师,"师自嵩山少林来,尽得少林术",述官拜其门
下,"口传心授凡三逾月",临别授以《增演易筋洗髓内功图说》六卷,
每卷分上、下,共十二卷。因原书"义虽备而旨未畅",所以周氏"于每
图后注明体势气数",又旁采"释典、丹经、医书等说证明其旨",增编
为十七卷。与诸本相比,周述官编印的《增演易筋洗髓内功图说》既
有前代《易筋经》的内容,也增益了许多别的东西。由于《增演易筋
洗髓内功图说》自诩为"少林真本",故一经问世,便在社会上产生了
较大影响。

15.《少林拳术精义》

该书于1917年由上海大声图书局出版，其首页的右边，题有"西来初祖达摩大师著"；其左边，题有"一名《易筋经义伏气图说》"字样。通观全书内容，《少林拳术精义》当分上、下两部分。其前部分内容，基本出自《易筋经义服气图说》，不仅两书的《凡例》相同，所列举的行功次序相同，而且连六十四势导引图式也完全一样，甚至在《少林拳术精义》的前半部分中缝间，也一如《易筋经义服气图说》印有"服气图说"字样，直至其后半部分的中缝间，才改曰"少林拳术精义"。该书的后半部分，有些内容为通行的《易筋经》所有，如《总论》《膜论》《阴阳配合论》和《练手余功》等；但更多的是该书编者所增益，如《观心返本》《洗心退藏》及《法轮自转》《归根复命》及《打洗神通》等。另外，在所记述的《静功十段》和《动功十八势》中，却丝毫未见《易筋经》十二势踪影。需要一提的是，《少林拳术精义》中收录了嘉庆十年祝文澜的《序》和天启四年三月天台紫凝道人宗衡的《跋》。

16.《内外功图说辑要》

该书分上下集，由近代江苏吴县人席裕康在《内功图说》《遵生八笺》和《万寿仙书》基础上增补编绘，于1920年出版，今有上海古籍出版社1990年的影印版。其内容主要包括陈抟的《二十四气坐功导引图说》《五禽戏功法图说》《诸仙导引图说》《八段锦内功图说》以及《易筋经外功图说》等。《内外功图说辑要》的不少内容显然直接出自王祖源的《内功图说》，如附有四、五、七言韵文的《易筋经十二势图》《分行外功诀》以及《神仙起居法》等，但也有一些地方为该书的增补编绘。如其外功部分的"踏地龙、摆尾龙、旋风龙"及"出洞虎、飞虹虎、独立虎"等,均不见于《内功图说》。另外,即便是《易筋经》十二势图式,与《内功图说》相比,也有很大不同。《内功图说》的《易筋经十二势图》,均为僧人装束,而《内外功图说辑要》中的《易筋经十二势图》,则为半僧半俗,除开始的"韦驮献杵第一、二、三势"外,其余九式全作髻发状。

17.《真本易筋经·秘本洗髓经》

该书由萧天石编辑、台湾自由出版社 1968 年出版,台湾学者龚鹏程在《达摩〈易筋经〉论考》中提到的《达摩易筋经》或即出于此[①]。据书中所言,此本为清蒋竹庄家藏刻本,原是述古堂主人钱遵王藏书,后为台湾"中央图书馆"所藏。但从该本的内容分析,有些名目与来章氏本《易筋经》相同,如《外壮神勇八段锦》《神勇余功》《贾力运力势法》及《附录经验药方》等;但有些名目则为该本独有,如书中的《易筋经内炼三部秘方》等。即便有的题名相同,但其文字有所差异。故此本也明显属于《易筋经》的一个增演本,所谓"取自'中央图书馆'珍藏钞本,述古堂钱遵王藏书"云云,并不确切。

上个世纪的八九十年代里,包括注释本在内的各种《易筋经》版本在社会上走热一时,其中如 1984 年由山西人民出版社出版的《洗

---

① 龚鹏程的《达摩〈易筋经〉论考》中云:"台湾'国家图书馆'(旧名'中央图书馆')曾藏有述古堂钱遵王抄本《达摩易筋经》,即收有宋(宗)衡《后跋》。钱遵王与宋(宗)衡年代相仿,又为藏书大家,若该书迟至天启间始出,遵王不应珍重乃尔,亦不应毫无鉴识能力。故由钱遵王之抄本,可以推想题为达摩所传之《易筋经》,出现年代当在此稍前。"(《普门学报》2001 年第 5 期。《真本易筋经·秘本洗髓经》及龚文由余友洪振快先生赐阅。)按:为了进一步确认龚先生之所言,2006 年 12 月,笔者托友人与龚先生取得联系,请他是否能提供有关台湾图书馆所藏述古堂《达摩易筋经》抄本更为详细的材料。但龚氏的答复出人意料,说他认为关于述古堂《达摩易筋经》抄本之说是可疑的,他本人并不相信。

髓经》,1991年由山东大学出版社出版的《吐纳三十六式洗髓易筋经》,1994年由天津大学出版社出版的《易筋洗髓经》,同年由农村读物出版社出版的《白话少林易筋经》,1995年发表在《武当》杂志上的《易筋洗髓大全注解》,1997年由香港国际出版社出版的《少林达摩易筋经图解》等等。近年来,亦有多种《易筋经》刊行问世。其中值得一提的是,2016年12月台湾逸文武术文化有限公司影印出版的六册《清代易筋经珍本汇辑》,搜集了有清一代各时期的《易筋经》版本达40种,材料丰富,功莫大焉!

校释叙例

　　一、《易筋经》自明代问世以降至清嘉道，期间先有抄本，后有刻本。其中有四份抄本值得注意：一份是经郑振铎先生之手、今藏国家图书馆的《易筋经义》，本书称"西谛本"；另一份是原出清初常熟著名藏书家钱遵王述古堂、今藏台湾"中央图书馆"的，本书称"述古堂本"；还有一份是始藏于清嘉庆浙江萧山王端履的老当益壮斋、今藏浙江图书馆的，本书称"王端履本"；再有是现藏于国家体育总局武术研究院的《金刚三昧坚固地菩萨禅行》，无论从其题名还是所题署的时间看，同样具有重要的版本价值，本书称"武术院本"。刻本主要有道光三年（1823）的市隐斋本及稍后的来章氏本（本衙藏板），其中的来章氏本刊行量非常大，在社会上的影响也最大。本书选取西谛本、述古堂本、王端履本、武术院本及来章氏本进行校释。

　　二、由于《易筋经》在历史上是一个被不断增演的文本，因此，在方法上难以采用"祖本法"与之对校。为了尽量保持《易筋经》早期的文本面貌，并反映其前后内容的增演变化，所以在方法上：一是五个本子进行互校，但有所侧重，不全文对校；二是书中所引用的文字部分，与原著进行对校。

三、本书校释的来章氏本，采用的是浙江图书馆藏本作底本。但由于该本的李靖《序》已严重破损，故此部分内容用江苏常熟市图书馆所藏来章氏本补足；其他文字也对校以常熟市图书馆藏本，个别地方参校天津大学出版社 1991 年影印的来章氏本《易筋洗髓经》。

四、书中凡［　］中的内容，为校勘出的当补的脱文，如述古堂本《四月行功法》中的"则气满筋［坚］"之"坚"，乃据诸本所补；书中凡（　）中的内容，为校勘出的误文所当改之字，如西谛本《阴阳配合论》中的"此功以（亦）是阴阳互用之妙"之"亦"，乃据王端履本所校；书中凡〈　〉中的内容，为校勘出的当删的衍文，如来章氏本《两肋内外功夫》中的"〈倘〉其中稍有夹杂"之"倘"，据西谛本所校，当为衍文。另外，书中凡【　】中的内容，均为原文本中的小字或注释，如西谛本《易筋经义序》中的"此必胶之固"，后有双行小字"疑作故"，则以【　】括出，以示区别；又如西谛本《内壮丸药方》中的"野蒺藜"，后有单行小字"炒去刺"，亦以【　】括出，以示区别。但是，若原文中的注释性文字非为小字，则不以【　】括出，以存文本原貌。

五、为节省篇幅，五个文本中，前文本已有的注释，后面不再重复。

西谛本《易筋经义》校释

提　要

　　西谛本《易筋经义》,清抄本,上、下二卷,现藏于北京国家图书馆。因抄本末页钤有"长乐郑氏藏书之印",卷上的"易筋总论"之页右,亦印有"长乐郑氏"章一枚,可见该抄本原出郑振铎先生,故名为"西谛本"。西谛本内容大致分为三部分:一是署名唐李靖和宋牛皋写的两《序》,二是二十七则正文内容,三是题名紫凝道人所写的《后跋》。

　　西谛本用两种字体书写,除《易筋总论》《膜论》《内壮论》和《揉法》为小楷外,其余均为行书。凡行书页,每页六行;凡楷书页,每页九行。其首页的《易筋经义序》右侧,共钤有三方印章:其上端是枚方形白文章,文曰"净心抱冰雪";中间亦是枚方形白文章,文曰"骑部曲将";下端则为方形朱文章,文曰"读书耕织人家"。

　　"净心抱冰雪",乃南朝江总的《入摄山栖霞寺》诗句,明末清初的著名书画鉴赏家梁清标曾用此作为其书画的鉴藏章。然西谛本《易筋经义》上的"净心抱冰雪"印章,与梁氏钤在《宋人西园雅集图卷》上的"净心抱冰雪"相比,风格不同。尤其是文本中牛皋《序》署名中的"宏毅将军",当为"弘毅将军"。"弘毅"一词,语出《论语·泰伯》。将"弘毅"写成"宏毅",当是避清乾隆帝名讳所致,这也为判定此本的大致年代提供了一个不可多得的佐证。由此可见,西谛本的抄写年代,不可能早于乾隆时期。

易筋经义上卷目录

【校释】

〔一〕内壮丸药法，正文作“内壮丸药方”。

〔二〕两肋分内外工夫，正文作“两肋分内外功夫”。

易筋经义下卷目录

【校释】

〔一〕外壮神勇八段锦，正文作"外壮神力八段锦"。

易筋经义序

唐李靖药师[一]

后魏孝明帝太和年间[二]，达摩大师自梁适魏[三]，面
壁于少林寺。一日，谓其徒众曰："盍各言所知，将以占乃
诣[四]。"众因各陈其进修。师曰，某得吾皮，某得吾肉，某得
吾骨，惟于慧可[五]曰"尔得吾髓"云云。后人谩[六]解之，以
为入道之浅深耳，盖不知其实有所指，非谩语也。

迨[七]九年功毕，示化[八]，葬熊耳山[九]，却乃遗只履而
去[一〇]。去后，面壁处碑砌坏于风雨，少林寺僧修葺之，得一
铁函，无封锁，有际会[一一]，百计不能开。一僧悟曰："此必胶
之固【疑作故】也，宜以火启之。"乃镕蜡满注而四著[一二]，得所藏
经二帙，一曰《洗髓经》，一曰《易筋经》。《洗髓经》者，谓人
之生欲感于爱欲[一三]，一落有形，悉皆滓秽。欲修佛谛[一四]，
动障真如[一五]，五藏六腑、四肢百骸，必先一一洗涤净尽，纯
见清虚，方可进修，入佛智地[一六]。不由此经，进修无益，无
有是处。读至此，然后知向者[一七]所谓"得髓者"，非譬喻

也。《易筋经》者，谓髓骨之外、皮肉之中，莫非筋连络〔一八〕周身，通行血气。凡属后天，皆其提挈〔一九〕，借假修真；非所襄赞〔二○〕，立见颓靡。视作泛常〔二一〕，曷臻至极〔二二〕？舍是不为，进修不力，无有是处。读至此，然后知所谓皮、肉、骨者，非譬喻，亦非谩语也。《洗髓经》帙归于慧可，附之衣钵〔二三〕，共作秘传，后世罕见；惟《易筋经》留镇少林，以永师德。

第〔二四〕其经字，皆天竺文，少林诸僧不能遍译。间〔二五〕亦译得十之二三，复无至人〔二六〕口传密秘，遂各逞己意，演而习之，竟趋旁径，落于技艺，遂失作佛真正法门。至今，少林僧众仅以角艺〔二七〕擅场，是得此经之一班〔二八〕也。众中一僧，具超绝识，念惟达摩大师既留圣经，宁〔二九〕惟小技？今不能译，当有译者。乃怀经远访，遍历川岳。一日，抵蜀，登峨嵋山，得晤西竺圣僧般剌密帝〔三○〕，言及此经，并陈来意。圣僧曰："佛祖心传，基先于此。然而，经文不可译，佛语渊奥也；经义可译，通凡达圣也。"乃一一指陈，详译其义。且止〔三一〕僧于山，提挈进修。百日而凝固，再百日而充周，再百日而畅达，得所谓金刚坚固地〔三二〕。驯〔三三〕此入佛智慧地，洵〔三四〕为有基助矣。僧志坚精，不落世务，乃随圣僧化行〔三五〕海岳，不知所之。

徐鸿客〔三六〕遇之海外，得其秘谛。既授于虬髯客〔三七〕，虬髯客复授于余。尝试之，辄奇验，始信语真不虚。惜乎未得《洗髓》之秘，不能游观佛境；又惜立志不坚，不能如僧不落世务，乃仅借六花〔三八〕小技，以勋伐终〔三九〕，中怀愧歉也！

然而，此经妙义世所未闻，谨叙其由，俾[四〇]知颠末。企望学者务期作佛，切勿效区区[四一]作人间事业也。若各能作佛，乃不负达摩大师留经至意；若曰勇足以名世，则古之以力闻者多矣，奚[四二]足录哉？

贞观二载春三月三日[四三]

【校释】

〔 一 〕李靖（571—649），本名药师，京兆三原（今陕西三原县东北）人，唐初杰出的军事理论家，写有不少军事著作，但后世都已失传。今传世的《唐太宗李卫公问对》（或称《李卫公问对》），乃系借用李靖之名的宋人之作。

〔 二 〕后魏孝明帝太和年间，有误。"太和"（477—499）为后（北）魏孝文帝元宏的年号，孝明帝的年号有熙平（516—518）、神龟（518—520）、正光（520—525）、孝昌（525—527）和武泰（528）。

〔 三 〕达摩，菩提达摩的简称，相传为南印度人，中国禅宗的始祖。南朝宋末到广州，曾至金陵与梁武帝谈佛不契，遂一苇渡江北上至洛阳传布禅学，卓锡嵩山少林寺，据说在此面壁九年。后传衣钵于慧可，授以《楞伽经》四卷及其心法。 适，到……去。如《诗经·魏风·硕鼠》有句云："逝将去女，适彼乐国。"

〔 四 〕盍各言所知，将以占乃诣，盍，何不；乃，第二人称代词，你，你的；诣，学业的进境。文中的"一日，谓其徒众曰"至"'尔得吾髓'云云"，与宋释普济《五灯会元》卷一所记达摩付法，要求众弟子"盍各言所得"，其中对道副曰"汝得吾皮"，对尼总持曰"汝得吾肉"，对道育曰"汝得吾骨"，最后称慧可"汝得吾髓"之事几乎如同一辙。

〔 五 〕慧可（487—593），又名僧可、神光。俗姓姬，河南虎牢人，自幼志气不凡，为人旷达，博闻强记，广涉儒书，尤精《诗》《易》，喜好游山玩水，而对持家立业不感兴趣。后来接触了佛典，深感"孔老之教，礼术风规，《庄》《易》之书，未尽妙理"，于是便栖心佛理，超然物外，怡然自得，并产生了出家的念头。父母见其志气不可改移，便听许他出家，四十岁时遇天竺僧达摩，拜为师，随之从学六年，被授以《楞伽经》四卷，后被尊为禅宗二祖。

〔六〕漫，通"漫"，意为不切实、散漫。如《庄子·天道》曰："太漫，愿闻其要。"后文的"漫语"，亦是随意相语之义。

〔七〕迨，等到。《诗经·小雅·伐木》曰："迨我暇矣。"

〔八〕示化，表示过世的一种委婉说法。

〔九〕熊耳山，位于河南省西部，为秦岭东段支脉，背靠黄河，东顾洛阳，西望长安，因山有东西两峰，状似熊耳，故得名。熊耳山下有一空相寺（原名定林寺），据说，禅宗初祖达摩圆寂于此寺。

〔一〇〕却乃，俗语，表示一种具有转折的接承关系，类同"而"义，多见于禅宗语录。如《普庵印肃禅师语录》的"参方不遇人，却乃成心病"；《五灯全书》卷六一的"只为爱我之深，却乃误了此秘诀"等。　　遗只履而去，即是关于达摩入灭后又返世间的"只履归西"故事。其云达摩祖师入灭后葬于熊耳山，当时东魏有位使臣宋云因为奉诏出使西域，故他对于达摩辞世之事一无所知。达摩葬后两年，宋云从西域返回洛阳途经葱岭的时候，看到一手拄着锡杖、一手拿着一只鞋的达摩。宋云于是问达摩："师父哪里去？"达摩回答说："我去西天。"接着又说："你回京以后，不要说见到了我，否则将有灾祸。"二人说完，各奔东西。宋云回到京城向皇帝复命交旨时，顺便提到了他遇到达摩之事。东魏孝静帝怒斥宋云说达摩已经入灭，命令侍卫将宋云投入监狱。事隔数日之后，孝静帝审理宋云一案。宋云回答了他见到达摩的详细经过,并说达摩曾嘱咐他不要说出相见之事。孝静帝听后半信半疑,旁听的大臣有人提议:"既然真假是非难辨,可以开棺验证。"孝静帝于是采纳了建议,命令将达摩墓穴挖开,撬开棺盖,看到棺内只剩下一只鞋子。于是,宋云的不白之冤也就由此昭雪。现在少林寺碑廊内仍然存放一块立于金大安元年(1209)的《达摩祖师只履西归相》碑,上边刻有四句诗:"达摩入灭太和年,熊耳山中塔庙全。不是宋云葱岭见,谁知只履去西天?"自元代开始,达摩已被民间宗教改造为协助弥勒佛完成三期末劫总收圆的佛祖之一,当时的白莲教内部就传有达摩"只履西归,普化空棺,皆为此术有验,谓之形神俱妙生死秘法"之说(转引杨讷《元代白莲教研究》第74页,上海古籍出版社2004年版)。

〔一一〕际会,原为交接、会合之义,文中转指铁盒的缝隙。

〔一二〕镕,同"熔",熔化;四著,述古堂本、来章氏本作"四着",著、着通。

〔一三〕爱欲,指情爱与贪欲。如《坛经·忏悔品》曰:"自心归依净,一切尘劳爱欲境界,自性皆不染著。"

〔一四〕谛,佛教术语,指真实无缪的道理,佛教中有"二谛""三谛"及"四谛"之说。

〔一五〕真如,佛教术语,为不变的最高真理或本体。

〔一六〕入佛智地,指一种参禅悟佛的境界,如《金刚三昧经》曰:"是人则为入佛智地,能以方便教化众生。"

〔一七〕向者,从前、不久之前。如西汉刘向《新序·孙叔敖杀两头蛇》曰:"向者吾见之,恐去母而死也。"

〔一八〕络,络脉,是由经脉分出的呈网状的大小分支。

〔一九〕提挈,彼此相互扶持帮助。

〔二○〕襄赞，辅助、帮助。

〔二一〕泛常，一般、寻常。

〔二二〕曷，疑问代词，难道；臻，到、达到；至极，述古堂本、来章氏本作
　　　　"极至"。

〔二三〕据普济《五灯会元》卷一所记，达摩临终前授慧可袈裟"以为法
　　　　信"之外，复授《楞伽经》四卷，并云"即是如来心地要门，令诸
　　　　众生开示悟入"。因此，该序文中说《洗髓经》峡归于慧可，附
　　　　之衣钵"，显然由此演绎而来。

〔二四〕第，古文连词，"但是"之意。如明代高启的《书博鸡者事》曰：
　　　　"第为上者不能察，使匹夫攘袂群起以伸其愤。"

〔二五〕间，期间。

〔二六〕至人，古代用以指思想道德修养达到至高境界的人。如《荀
　　　　子·天论》曰："故明于天人之分，则可谓至人矣。"

〔二七〕角艺，即指少林寺内兴起的习练武艺。

〔二八〕一班，比喻事物的一小部分。班，同"斑"，杂色花纹或斑点。

〔二九〕宁，副词，难道。

〔三○〕般剌密帝，一作般剌密谛，唐代来华西竺高僧，据宋代赞宁编撰
　　　　的《宋高僧传》，他曾于神龙年间（705—707）翻译《大佛顶首楞
　　　　严经》十卷。

〔三一〕止，留其栖息。

〔三二〕金刚，意谓至刚至坚之义，佛教中用来指称护法神；坚固地，心
　　　　念不变不动之境界。

〔三三〕驯，顺从。如《史记·管蔡世家》曰："冉季、康叔皆有驯行。"

〔三四〕洵，诚然、的确。如《诗经·陈风·宛丘》云："洵有情兮，而无望
　　　　兮。"

〔三五〕化行，教化施行。《颜氏家训·勉学》："周宏正奉赞大猷，化行都

邑,学徒千余,实为盛美。"

〔三六〕徐鸿客,一作徐洪客,隋代道士,《新唐书·李密传》记大业十三年(617)九月,徐鸿客曾上书建议李密"挟帝以令天下",李密未用其言,后曾以书招之,徐鸿客则不知所之。

〔三七〕虬髯客,原为唐末五代道门领袖杜光庭所撰《虬髯传》中的传奇人物,姓张。故事中称他于旅邸遇李靖与红拂,与红拂认作兄妹。其后,将所有家财赠予李靖,希望他"以佐真主,赞功业也",并云:"此后十年,当东南数千里外有异事,是吾得事之秋也。"贞观十年(636),有奏报曰:"有海船千艘,甲兵十万,入扶余国,杀其主自立。"序文里称《易筋经》由虬髯客传给李靖,当与此传奇故事有关。

〔三八〕六花,古代的兵阵,据说创自李靖。宋高似孙的《子略》曰:"诸儒多称诸葛武侯八阵,唐李卫公六花,皆出乎此。"明代赵本学的《续武经总要》卷三中录有诸多"唐李靖六花阵记",如《六花阵图》《六花布列车骑图》《六花教阅图》《六花方阵图》等。

〔三九〕以勋伐终,其意为最终以军功来显示。

〔四〇〕俾,使。如《尚书·大禹谟》曰:"俾予从欲以治。"

〔四一〕区区,自称的谦辞。

〔四二〕奚,疑问代词,什么、何。

〔四三〕贞观二载,为公元628年。对此,清乾嘉时期知名学者凌廷堪在他的《校礼堂文集·与程丽仲书》中提出,唐代除玄宗大宝和肃宗乾元年间曾名"年"为"载"外,其他均称"年",无有称"载"者,而该序末中记"唐贞观二载",其伪可知。

易筋经内外神勇序

宋鄂镇大元帅少保岳麾下宏毅将军阴阳(汤阴)牛皋鹤九[一]

余,武人也,目不识一字,好弄长枪大剑,盘马弯弓[二]以为乐。值中原沦丧,二帝北狩[三],泥马渡河[四],江南多事。予因应我少保岳元帅之募,署为裨将[五],屡上战功,遂为大将。

忆昔年,奉少保将令出征,后旋师还鄂[六]。归途,忽见一游僧,状貌奇古,类阿罗汉[七]相,手持一函入营,嘱余致少保。叩其故,僧曰:"将军知少保有神力乎?"余曰:"不知也,但见吾少保能挽百石强弓耳。"僧曰:"少保神力天赋之与[八]?"余曰:"然。"僧曰:"非也,余授之耳。少保尝从学于余。神力成功,余嘱其相随入道,不之信,去而作人间勋业。名虽成,志难竟,天也,运也,命也,奈若何?今将及矣!亟致此函,或能返省获免。"余闻言,不胜悚异。叩姓氏,不答;叩所之,曰"西访达师"[九]。余惧其神威,不敢挽留,竟飘然去。

少保得函，读未竟[一〇]，泣数行下，曰："吾师神僧也，不吾待[一一]，吾其休矣[一二]！"因从襟带中出一册付余，属曰："好掌此册，择人而授，勿使进道法门斩[一三]焉中绝，负神僧也！"不数月，果为奸相所构[一四]。余心伤于少保冤愤莫伸，视功勋如尘土，固无复人间之想矣。念少保之嘱不忍负，恨武人无具眼[一五]，不知斯世谁具作佛之志堪[一六]传此册者。择人既难，妄传无益。今将此册传于[一七]嵩山石壁之中，听有道缘者自得之，以衍进道之法门，庶[一八]免妄传之咎，可酬对[一九]少保于上天矣！

绍兴十二年[二〇]月日书

【校释】

〔 一 〕宏毅，当为"弘毅"，应避乾隆帝讳而作"宏毅"。语出《论语·泰伯》，其曰："士不可以不弘毅。"指为人抱负远大、意志坚毅之意。　牛皋（1087—1147），南宋将领，字伯远，汝州鲁山（今河南鲁山县）人，在抗金战争中屡建战功，也曾镇压杨么起义，后任荆湖南路马步军副总管，被秦桧使人害死。　阴阳，述古堂本、王端履本作"汤阴"，当是。

〔 二 〕盘马弯弓，驰马盘旋，张弓射箭。唐代韩愈《雉带箭》诗："将军欲以巧伏人，盘马弯弓惜不发。"

〔 三 〕二帝北狩，即宋徽宗、宋钦宗被俘北上的委婉之辞。靖康元年（1127）冬，金军攻破北宋京城（今河南开封），次年四月，俘徽宗、钦宗及宗室、后妃等数千人北去，北宋遂亡。

〔 四 〕泥马渡河，又名"泥马渡康王"，是讲宋高宗赵构危难时得以神助的故事。其云北宋末年，时为康王的赵构赴金营为人质，金兵押其北上，途中赵构脱逃，逃至磁州时，夜宿崔府君庙，梦神人告知金兵将至，赵构惊醒，见庙外已备有马匹，遂乘马狂奔。这匹马居然载着赵构渡过黄河，过河后即化为泥塑。该故事雏形见于南宋程卓的《使金录》，稍后的《大宋宣和遗事》中其故事已较详细。

〔五〕署，代理、暂任；裨将，副将。

〔六〕鄂，古地名，在今湖北省鄂城县，现为湖北省别称。

〔七〕阿罗汉，梵语意译，为小乘佛教修证的最高果位，也叫"罗汉"。唐释慧琳的《一切经音义》卷二五曰："阿罗汉，此无生，或云杀贼(指烦恼——校释者注)，业结斯亡，已超三有。"

〔八〕与，文言助词，表示疑问、感叹及反诘等语气。述古堂本等诸本均作"欤"，与、欤通。

〔九〕达师，通达知命的师长。如《吕氏春秋·尊师》曰："达师之教也，使弟子安焉、乐焉、休焉、游焉、肃焉、严焉。"一说"达师"指达摩。

〔一〇〕竟，完毕、终了。如《晋书·谢安传》曰："看书既竟，便摄放床上，了无喜色，棋如故。"

〔一一〕不吾待，不与我相见。待，这里为相见之义。

〔一二〕吾其休矣，意为大概我命没了。

〔一三〕斩，断绝。如《孟子·离娄下》曰："君子之泽，五世而斩。"

〔一四〕构，设计陷害。如《左传·桓公十六年》曰："宣姜与公子朔构急子。"

〔一五〕武人无具眼，述古堂本、王端履本、来章氏本作"武人无巨眼"。

〔一六〕堪，能够、可以。如《世说新语·捷悟》曰："众云并不堪用，正令烧除。"

〔一七〕传于，述古堂本、王端履本作"藏于"。

〔一八〕庶,副词,表示期望。如《诗经·大雅·江汉》云:"四方既平,
王国庶定。"

〔一九〕酬对,报答。

〔二〇〕绍兴十二年,为公元 1142 年。对此,徐哲东先生在《国技论
略·辨伪第三》中已指出:"牛皋此序,自署为绍兴十二年所
作……然高宗绍兴十一年(1141)已将河南割归金国,皋安得往
藏于嵩山? 就可云遣人往藏,亦何必藏其书于金国境内耶? "

易筋经义卷上

西竺般剌密帝译

易筋总论

　　般剌密帝译曰：世尊[一]大意，谓学佛乘[二]者初基有二：一曰清虚，一曰勇往。清虚，无障[三]；勇往，无懈[四]。不先辨此，进道无基。清虚为何？《洗髓》是也；勇往为何？《易筋》是也。易者，变也；筋者，劲也。原夫人身髓骨以外、皮肉以内，四肢百骸，无处非筋，无用非筋，无劲非筋，联络周身，通行气血，助翼精神，提挈动用。试观筋弛则痪[五]，筋挛则瘘[六]，筋靡则痿[七]，筋弱则懈，筋绝则亡；再观筋壮者强，筋舒者长，筋劲者刚，筋和者康。以上因内赋于天，外感于物，或盛或衰，匪由躬修[八]，自成诸状。

　　今以人功变弱为强，变挛为长，变柔为刚，变衰为康，易之力也，身之利也，圣[九]之基也。我命在我[一〇]，此其一端。然而，功有渐次，法有内外，气有运用，行有起止。以至药物器制,节候岁年,及夫饮食起居,征验始终。务宜先辨(办)〔一一〕信心,次立肯心,奋勇往心,坚精进〔一二〕心,如法行持〔一三〕,进退不懈,无不立跻〔一四〕圣境也。

【校释】

〔一〕世尊,佛教对佛陀的尊称。原为婆罗门教对长者的尊称,后为佛教沿用。隋代慧远的《佛说无量寿经义疏》曰:"佛备众德,为世钦仰,故号世尊。"

〔二〕乘,佛教用语,佛陀之教法有大、小乘之分。

〔三〕障,阻隔、遮挡。

〔四〕懈,懈怠、松散。

〔五〕弛,废弛;痪,瘫痪。

〔六〕挛,蜷曲;瘦,抽搐、痉挛。

〔七〕麿,细小;痿,身体筋骨萎缩、偏枯。

〔八〕匪,同"非",不是;躬修,自身修炼。

〔九〕圣,指达到的超圣脱凡的至高境界。

〔一〇〕我命在我,道教的基本思想。魏晋道教经典《老子西升经》其云"我命在我,不属天地";葛洪的《抱朴子内篇》亦有句云"我命在我不在天,还丹成金亿万年"。深刻反映了古代道教强调通过个人努力,以冀长生不老的思想。

〔一一〕辨,当为"办(辦)"字之误,述古堂本等诸本均作"办"。

〔一二〕精进,佛教中的"六波罗蜜"(亦称"六度")之一,意为积极努力进修善法。

〔一三〕行持,原为佛教用语,乃精勤修行、持守佛法戒律之义,这里指修炼。

〔一四〕跻,升、登及达到之义。

膜 论[一]

髓骨之外，皮肉之内，以至五脏六腑，无处非筋，亦无处非膜。膜较于筋，膜为稍软；膜较于肉，膜为稍劲。筋则分缕，半附骨肉；膜则周遍，附着骨肉，与筋有分[二]，其状若此。炼筋则易，炼膜则难。

盖修炼之功，以气为主。天地生物，气之所至，百物生长，修炼气至，筋膜齐坚。然而，筋体虚灵，气至则起；膜体沉浊，气不倍充，不能起发。炼至筋起之后，必宜倍加功力，务候周身膜皆腾起，与筋齐坚，外着于皮，并坚其肉，始为气充，始为了当[三]。不则筋为(无)助[四]，譬犹植物，无培无土，匪曰全功。

【校释】

〔 一 〕膜，动物体内的薄衣状组织，《黄帝内经·素问》曰："故循皮肤之中，分肉之间，熏于盲膜，散于胸腹。"

〔 二 〕分，有区别、不同。

〔 三 〕了当，完毕、结束。

〔 四 〕不则，述古堂本等诸本均作"否则"，不、否通。　为，述古堂本等诸本均作"无"，当是。

内壮论

内与外对，壮与衰对。壮与衰较，壮可歆[一]也；内与外较，外可略也。盖内壮言道，外壮言勇。道植圣基[二]，勇仅俗务，隔霄壤[三]矣。

凡炼内壮，其则有三。

一曰守中。此道炼法，专于积气，下手之要[四]，妙于用揉。凡揉之时，解襟[五]仰卧，手掌着处，其掌下胸腹之间[六]，即名曰"中"。惟此"中"，乃存气之地，应须守之。须含其眼光[七]，凝其耳韵，匀其鼻息[八]，缄其舌气[九]，四肢不动，一意冥心，存想[一〇]中处。先存后忘，渐渐至于如如[一一]不动，是名曰"守"，是云合式。盖揉在于是[一二]，守在于是，则一中精、气与神俱往（注）[一三]于是。久久积之，自成无量无边功德[一四]。设有杂念纷纭，驰情世务[一五]，神气随之而不凝注，虚所揉矣，无有是处。

一曰万勿及他[一六]。人身之中，精神、气血不能自主，悉从于意，意行则行，意止则止。守中之时，一意掌下，是为合式。设或驰念一掌之外，又或驰意于各肢体，其所积精神随即走散，至于肢体，即或外壮，而非内壮矣。揉而不积，虚所揉矣，无有是处。

一曰待其充周[一七]。凡揉与守，所以积气。气既积矣，故精神、血脉[一八]悉附之。守而不驰，揉而且久，气惟中蕴而不旁溢。真积力久，自然充满周遍，即《孟子》所云"至大至刚，塞乎天地之间"者，是为浩然之气也[一九]。设未充周，驰意外走，散于四肢[二〇]，则外勇亦不全，内壮亦不坚矣。

【校释】

〔一〕歆，欣喜、贪图。如《国语·周语下》曰："以言德于民，民歆而德之,则归心焉。"

〔二〕道植圣基,其意是道可培筑进入超圣脱凡境界的基础。

〔三〕隔霄壤,即霄壤之别,比喻两者之间的差别极大。

〔四〕要,要点、紧要。

〔五〕襟,衣服的胸前部分。

〔六〕其掌下胸腹之间,其意为其掌按于胸腹之间。

〔七〕含其眼光,意为将双目微微相合,使目光含蓄其中。

〔八〕鼻息,即气息。

〔九〕缄其舌气,意为将口闭上,不使口中之气外泄。缄,闭口。

〔一〇〕存想,中国古代气功中的一种锻炼方式,其特点是凝心反省。
　　　唐人司马承祯的《天隐子》中专门列有"存想"篇,其曰:"存谓
　　　存我之神,想谓想我之身。闭目即见自己之目,收心即见自己
　　　之心。心与目皆不离成身,不伤我神,则存想之渐也。"明代陈
　　　继儒的《养生肤语》亦曰:"却病有一术,有行功一法。虚病宜存
　　　想收敛,固秘心志,内守之功夫以补之。"

〔一一〕如如,佛教中指真如常住,圆融而不凝滞的境界。《金刚经》曰:
　　　　"不取于相,如如不动。"

〔一二〕是,代词,此、这里。而后文的"无有是处"之"是",乃是非之
　　　　"是"。

〔一三〕往,当为"注"字之误,述古堂本等诸本均作"注"。

〔一四〕无量,佛教用语,近人丁福保的《佛学大辞典》释曰"多大而不
　　　　可计量也";功德,佛教用语,丁福保的《佛学大辞典》释曰"功
　　　　者,福利之功能,此功能为善行之德,故曰德。又,德者,得也,
　　　　修功有所得,故曰功德。"自成无量无边功德,意为收到至大无
　　　　外的功效。

〔一五〕驰情世务,意为纵情遐思于人世俗务。

〔一六〕万勿及他,是指意念而言,即要求练功时的意念千万不能旁及
　　　其他。

〔一七〕充周,即下文的全身"充满周遍"。

〔一八〕精神、血脉,王端履本作"精神、血气"。

〔一九〕此语出《孟子·公孙丑上》,原文曰:"敢问何谓浩然之气？曰:
　　　难言也。其为气也,至大至刚,以直养而无害,则塞于天地之
　　　间。"

〔二〇〕设未充周,驰意外走,散于四肢,述古堂本作"设未充周,驰意
　　　于外,走散于四肢";王端履本作"设充周未得,意或外驰散于
　　　四肢";来章氏本作"设未及充周,驰意外走,散于四肢"。

揉　法

　　谚语有云:"筋骨摩〔一〕厉,而后能壮。"惟此揉法,摩砺之义也。其则有三。

　　一曰春月起功〔二〕。盖此炼法大约三段,每段百日。初行功时,必解襟;次段功〔三〕,必须现身〔四〕,宜取二月中旬;下功为始,向后渐暖,乃为通便。

　　一曰揉有定式。人之一身,右气左血〔五〕。凡揉之法,宜向右边推向于左,是盖推气入于血分〔六〕,令其通融。又取胃居右,揉令胃宽,能多纳气〔七〕。而又取揉者右掌有力,便用不劳。

　　一曰揉宜轻浅。凡揉之法,虽曰人功,宜法天义〔八〕。天地生物,渐次不骤,气至自生,候〔九〕至物成,揉者法之。但取推荡,徐徐往来,勿重勿轻,久久自得,是为合式。设令太

重,必伤皮肤,则生癍痹[一〇];太深,则伤于肌肉、筋膜,必生肿热,两无是处。

【校释】

〔 一 〕摩,王端履本、来章氏本作"磨",摩、磨通。

〔 二 〕起功,开始练功。起,开起,始。

〔 三 〕次段功,指进入练功后的第二个阶段。

〔 四 〕必须现身,在此似指练功者须将外衣脱去,故后文特注明"宜取二月中旬"。

〔 五 〕中国古代医家认为人体的左侧与右侧在阴阳的属性上是不同的,左侧属阴,右侧属阳,故而在此基础上提出了"左属血、右属气"之说。

〔 六 〕血分,中医学名,这里泛指病在血者,与气分相对而言。

〔 七 〕在传统中医学中,胃有主受纳和腐熟水谷之功能。

〔 八 〕天义,天地运行的法则。

〔 九 〕候,时节、时令。唐代韩偓《早玩雪梅有怀亲属》句云:"北陆候才变,南枝花已开。"

〔一〇〕癍痹,指类似痱子状的斑疹。痹,痱子。

日精月华

太阳之精,太阴之华,一(二)气[一]交融,是生万物。古人知之而善咽之[二],久皆仙去,其法秘密,世人莫知也。况无坚心,且无虚心[三],是为虚负居诸[四]也。行内炼者,自初功[五]始,至于成功,以至终身,无论闲忙,勿论时候,而凡采咽精华之功,不可间断。盖取阴阳精英益我神智,愚昧渐消,清灵日长,万病不生,良有大益!

采咽之法,日取于朔〔六〕,谓与月初交,其气新也〔七〕;月取于望〔八〕,谓金水满盈〔九〕,其气旺也。设朔、望日值〔一〇〕有阴雨,或值不暇,则初二三、十六七,过此六日,虚而不取也〔一一〕。取于日朔,宜初出时登高默对,调匀鼻息,细吸光华,令满口,闭息凝神,细细咽下,以意送之,至于中宫〔一二〕,是为一咽。如此七咽,静守片时,然后起行,任从酬应。望取月华,亦准前法,于戌亥时〔一三〕采吞七咽,此乃天地自然之利。惟有恒者,能享用之;亦惟有信心,乃能取〔一四〕之。

【校释】

〔 一 〕一气,王端履本、来章氏本作"二气",当是。

〔 二 〕古人知之而善咽之,其意为古人知晓了阴、阳二气化生万物的道理后,善于吞咽前面所说的日精月华之气。《张三丰全集·玄要篇》中的"灵龟吸尽金乌髓,丹凤衔来玉兔脂",亦是此意。

〔 三 〕虚心,述古堂本、王端履本、来章氏本作"恒心"。

〔 四 〕居诸,光阴。《诗经·邶风·柏舟》:"日居月诸,胡迭而微。"虚负居诸,其意为白白地有负于光阴了。

〔 五 〕初功,练功后刚开始所出现的功态。

〔 六 〕朔,指农历每月的初一。《庄子》曰:"朝菌不知晦朔,蟪蛄不知春秋。" 采咽之法,日取于朔,来章氏本作"其法日取于朔"。

〔 七 〕在道教内丹理论中,朔日即农历初一这一天,因日月初交,其气初生,故曰"其气新也"。

〔 八 〕望,指农历每月十五。如枚乘《七发》曰:"将以八月之望,与诸侯远方交游兄弟,并往观涛乎广陵之曲江。"

〔 九 〕金,即金乌,指太阳,如韩愈的《李花赠张十一署》诗有句云:

"金乌海底初飞来,朱辉散射青霞开。"水,即水月,指月亮,如李白的《赠宣州灵源寺仲浚公》诗有句云:"观心同水月,解领得明珠。"在道教内丹理论中,望日即农历十五日这一天,月亮与太阳处于同一直线上,阴阳交融而其气正旺,故称其为"金水满盈"。择时炼气,早在葛洪的《抱扑子内篇·释滞》里已有记载:"一日一夜有十二时,其从半夜以至日中六时为生气,从日中至夜半六时为死气。死气之时,行气无益也。"《云笈七签》卷五七曰:"死气者,是四时五行休死之气。"

〔一〇〕值,遇到、碰上。如南朝宋刘义庆的《世说新语·政事》曰:"值积雪始晴。"

〔一一〕文中所记,与北宋张君房编《云笈七签》卷二三中辑录的"服气"诸法非常相似,其中的"大方诸宫服日月芒法"曰:"恒存日在心中,月在泥丸宫。夜服月华,如服日法。""服日月六气法"曰:"夫气者,神明之器,清浊之宗。处玄则天清,在人则身存。夫死生亏盈,盖顺乎摄御之间也。欲服六气,常以向晓寅丑之际,因以天时告方面之时也;太霞部晖、丹阳诞光、灵景启晨、朱精启时之始也……若存月,当以月一日夜至十五日住,从十六日至三十日是月气衰损,天胎亏缩,不可以夜存也。此法至妙,能行者仙。"采咽日精月华以炼仙道,在其他道教内丹文献里屡有记载,如《张三丰全集·玄要篇》中有句云:"金桥上,望曲江,月里分明见太阳。吞服乌肝并兔髓,换尽尘埃旧肚肠。"

〔一二〕中宫,即中丹田。中丹田为人体的三丹田之一,其部位在膻中。葛洪《抱朴子内篇·地真》曰:"或在脐下二寸四分下丹田中,或在心下绛宫金阙中丹田也,或在人两眉间,却行一寸为明堂,二寸为洞房,三寸为上丹田也。"

〔一三〕戌亥时,中国古代十二时辰记时法,十二时辰分别为:子、丑、

寅、卯、辰、巳、午、未、申、酉、戌、亥。戌亥时，相当于现在的晚上
7点至11点。

〔一四〕取，得到。《诗经·魏风·伐檀》曰："不稼不穑，胡取禾三百廛
兮？"

服药法

炼壮法，外资〔一〕于揉，内资于药。行功之始，先服一丸，
约药入胃将化之时〔二〕，即行功〔三〕。夫揉与药力两相迎凑，
乃为得法；过与不及，皆无益也。每功三日，服药一次，照此
为常。

【校释】

〔一〕资，凭借。

〔二〕约药入胃将化之时，王端履本作"纳（约）药将化"。

〔三〕行功，当指揉法。

内壮丸药方

野蒺藜〔一〕【炒去刺】，白茯苓〔二〕【去皮】，白芍药〔三〕【火煨】，
朱砂【水飞】〔四〕，甘草〔五〕【蜜炙】，熟地黄【酒洗】〔六〕，以上各
十分。人参【去芦】〔七〕，白术【土炒】〔八〕，当归〔九〕【全酒洗】，川
芎〔一〇〕【大者】，以上各二分。皆作细末，炼蜜为丸〔一一〕，约重
一钱。每服一丸，或汤或酒，皆可导送。一云多品合丸，其
力不专，另立三方，只取一品，任用可也。

一方：野蒺藜，炒去刺，炼蜜作丸，每丸一钱，每二钱

服之。

　　一方：白茯苓，去皮作末，蜜丸或蜜水调服，或作块浸蜜中，久浸愈佳，约服一钱。

　　一方：朱砂，水飞过，每服三分，蜜水调下。

【校释】

〔一〕蒺藜，中药名，具有平肝解郁、活血祛风、明目和止痒等作用。

〔二〕白茯苓，中药名，具有利水化饮、健脾宁心等作用，与人参、白术、甘草配伍而称"四君子汤"。

〔三〕白芍药，中药名，具有养血调经、柔肝止疼及敛阴平肝等作用。

〔四〕朱砂，中药名，具有镇心安神、清热解毒等作用。所谓"水飞"，是中药的一种炮制方法，即利用粗细粉末在水中悬浮性不同，将不溶于水的矿物、贝壳类药物经反复研磨制备成极细腻粉末的方法。水飞法适用于不溶于水的矿物药如朱砂、雄黄等。

〔五〕甘草，中药名，具有补脾益气、清热解毒、润肺止咳及调和药性等作用。

〔六〕熟地黄，中药名，具有滋阴补血、益精填髓等作用。所谓"酒洗"，就是用酒洗掉该药物上的杂质。

〔七〕人参，中药名，有大补元气、生津止渴及益智养神等作用，其末端的根茎则称"人参芦"。所谓"去芦"，即是将人参末端的根茎去掉。

〔八〕白术，中药名，具有健脾益气、燥湿利水及止汗安胎等作用。所谓"土炒"，是指传统中药炮制方法之一，据陈康林的《中药土炒炮制的历史沿革与现代研究进展》一文介绍，"现在使用土炒炮制的中药共有二十七种"。

〔九〕当归，中药名，具有补血活血、调经安胎及止痛润肠等作用。

〔一〇〕川芎，中药名，具有活血行气、祛风止痛等作用。

〔一一〕炼蜜为丸，指将各种研成细末的诸药物放入蜜汁里炮制为丸。

荡洗〔一〕药水方

行功之时，频宜荡洗。盖取咸（盐）能软坚〔二〕，凉能散火，不致聚热。或一日一洗，或二日一洗，以此为常，功成乃已〔三〕。

法用：地骨皮〔四〕、食盐各量，用煎水乘热汤（荡）〔五〕洗，则气血融和，肌肤疏畅。

【校释】

〔一〕荡洗，述古堂本、王端履本作"烫洗"，下文"荡洗""汤洗"同。

〔二〕咸，当为"盐"字之误，王端履本、来章氏本作"盐"。述古堂本等诸本此下均有"功力易入"四字。

〔三〕已，停止、完毕。如《荀子·劝学》曰："学不可以已。"功成乃已，即指功成后方可停止。

〔四〕地骨皮，中药名，具有清虚热、泻肺火等作用。

〔五〕汤，当为"荡"字之误。

初月行功法

初揉之时，要选童子〔一〕数人，更番揉之。一取力小揉推不重，一取少年血气壮盛。未揉之先，服药一丸〔二〕，约将化时，即揉起。揉与药力一齐运[行]〔三〕，乃得其妙。揉时，解衣仰卧，心下脐上，适当其中。按一手自右向左〔四〕，推而揉之,徐徐往来,匀匀勿乱,掌勿离皮,亦勿游动,是为合式。

当揉之时,冥心内观,守中存想,勿忘勿助[五],意不他驰,则精、气、神悉皆附注[六]一掌之下,是为真正火候。若守中纯熟,揉推匀净,正揉之际,竟能熟睡,是为得法,胜于醒守[七]。如此行持,约略一时,时不能定,则以大香[八]二炷为则。早、晚与午共行三次,日以为常。如年少火盛[九],只宜早、晚共行二次,恐其太骤,或致他虞。行功既毕,静睡片时,清醒而起,不妨应酬[一〇]。

【校释】

〔 一 〕童子,未成年的男子,郑玄注《礼仪·丧服》曰:"童子,未冠之称。"

〔 二 〕服药一丸,即指上文依内壮丸药方炼制的药丸。

〔 三 〕揉与药力一齐运,"运"后疑脱一"行"字。王端履本、来章氏本作"揉与药力一齐运行"。

〔 四 〕一手,述古堂本、王端履本、来章氏本作"一掌"。 又,其之所以"自右向左",即上文《揉法》中提到的人体因右气左血,故"凡揉之法,宜向右边推向于左,是盖推气入于血分,令其通融"。

〔 五 〕勿忘勿助,是指"守中存想"而言,"中"即《内壮论》提及的"胸腹之间"。勿忘,指不能不意守存想该部位;勿助,指对于该部位又不能过分意守存想。

〔 六 〕悉皆附注,是指精、气、神都集中于所揉之部位,故下文曰"一掌之下,是为真正火候"。

〔 七 〕胜于醒守,指在冥心存想的推揉中能安然熟睡,则胜于清醒之时的内观守中。

〔 八 〕大香,当指比一般普通香要长且粗的香。在古代,人们有燃香计时的习惯,如宋代洪刍的《香谱·百刻香》曰:"近世尚奇者作香篆,其文准十二辰,分一百刻,凡燃一昼夜已。"

〔 九 〕火盛,即为阳气旺盛。

〔一○〕不妨应酬,王端履本作"不误应酬",来章氏本作"应酬无碍"。

二月行功法

初功一月,气已凝聚,胃觉宽大,其腹两旁,筋皆腾起,各宽寸余。用气努〔一〕之,硬如木片,是有验也。两肋之间,自心至脐,软而有陷,此则是膜较深于筋,掌揉不能腾也。至于此时,于前所揉一掌之旁,各开一掌,仍如前法,徐徐揉之。其中软处,用木杵〔二〕深深捣之。久则膜起,浮至于皮,与筋齐坚,全无软陷,始为全功。此揉捣亦准二香,日行三次,以为常则。

【校释】

〔 一 〕努,鼓胀。

〔 二 〕关于木杵的具体图式,卷下的《木杵木槌式》有述。

三月行功法

功满二月,其间陷处至此略起,乃用木槌〔一〕轻轻打之。两旁所揉各一掌处,却用木杵如法捣之。又于其两旁至两肋梢各开一掌,如法揉之。准以二香,日行三次。

【校释】

〔 一 〕关于木槌的具体图式,卷下的《木杵木槌式》有述。

四月行功法

功满三月,其中三掌,皆用槌打;其外二掌,先捣后打〔一〕。日行三次,功逾百日,则气满筋坚,膜亦腾起,是为有验。

【校释】

〔 一 〕依上文,木杵为捣,木槌为打。

行功轻重

初行功时,以轻为主,必宜童子,其力平也。一月以后,其气渐坚,须有力者,渐渐加重,乃是合宜。切勿太重,或致动火〔一〕;切勿游移,或致伤皮,慎之!

【校释】

〔 一 〕火,指心神,《金仙正论》曰:"火者,神也。"动火,谓心神走驰。

用功浅深

初功用揉,取其浅〔一〕也。次渐加力,是因气坚而增,仍其浅也。次功用捣,取其深〔二〕也。以次三用打〔三〕。打外属浅,振内属深,内外皆坚,方为有得。

【校释】

〔 一 〕浅,指揉法对人体产生的刺激、作用较浅。

〔 二 〕深,指捣法对人体产生的刺激、作用较深。

〔 三 〕以次三用打,王端履本作"次之又用打",来章氏本作"再次用打"。

两肋分内外功夫

功逾百日，气已盈满天地[一]之间，充塞周遍。譬之涧水拍岸，浮堤稍加决导，则奔放他之[二]，无处不到，不复[三]在涧矣。当此之时，切勿用意引入四肢；所揉之外，切勿轻用槌、杵捣打。略有引导，则入四肢，即成外勇，不复归来行于骨里，不成内壮矣。

入内之法，乃用石袋，自从心口至于肋梢骨肉之间密密捣之，兼用揉法，并用打法。如是久久，则其所积充周之处[四]循循入骨。入骨有路，则不外溢，始成内壮矣。内、外两岐[五]于此分界，极宜审辨，不令中间稍有夹杂。若轻用引弓弩拳[六]敲打等势，则开其路[七]，导令旁溢，纵加多功，亦不入内，慎之！慎之！

【校释】

〔一〕天地，指人体，头为天，足为地。

〔二〕之，至，到。如《汉书·高帝纪》曰："十一月，沛公引兵之薛。"

〔三〕不复，王端履本、来章氏本作"无复"。

〔四〕充周之处，王端履本、来章氏本作"盈满之气"。

〔五〕岐，同"歧"，岔路。如《释名·释道》曰："物二为歧。"

〔六〕弓弩拳，这里当为五指轻合之拳。"弩"，王端履本作"努"，来章氏本作"挐"。

〔七〕此处的"路"，即是上文所指的"外勇"之路。

易筋经义卷下

西竺般剌密帝译

木杵木槌式

　　木杵、木槌皆以坚木为主，其最降真[一]，其次文楠、紫檀、花梨、铁栎、白檀[二]，皆堪制用。杵长六寸，中径寸半，顶圆而微（尾）尖[三]，即为合式。槌长一尺，围圆四寸，把细顶粗，其粗之中处略高少许，取其高处着肉，而两头尚有闲空，是为合式。

【校释】

〔一〕降真，即为降香檀的干木，其木材坚重致密，其根、叶、果及木材入药，称"降真香"，亦名"降香"，具有行气活血、健脾止咳等功能，主治心胸疼痛、跌打损伤、瘀血肿痛等症。降真，王端履本、来章氏本作"降真香"。

〔二〕文楠，楠木的一种，其有金丝楠、豆瓣楠、香楠、龙胆楠之分；紫檀，珍贵木材之一，其种类繁多，但植物学界中公认的紫檀只有檀香紫檀一种，俗称"小叶檀"；花梨，珍贵木材之一，又名"花檀"，质坚，纹理细密，以我国海南生长为最佳，所以又有"海南黄花梨"之说；铁栎，珍贵木材之一，其质地坚硬耐腐，也是我国分布较广的树种之一；白檀，珍贵木材之一，其质地细密坚硬，其种子与根叶均有经济用途。

〔 三 〕微尖，王端履本、来章氏本作"尾尖"，当是。

石袋式

　　木杵、木槌用在肉处，骨缝之间悉宜石袋。石取圆净，全无棱角，大如蒲桃〔一〕，小如榴子，生于水中者，方堪入选。山中者燥，能生火；土中者郁，气不宣畅；棱角尖硬，恐伤筋骨，皆不取也。袋用细布，缝作圆筒，如木杵形。圆其头，长约八寸，其次六寸，其次三五寸〔二〕。石用半斤，其大一斤，其最二十两〔三〕，分置袋中，以指挑之，挨次扑打。久久行之，骨缝之膜，皆坚壮也。

【校释】

〔 一 〕蒲桃，述古堂本、王端履本、来章氏本作"葡萄"。

〔 二 〕其次六寸，其次三五寸，乃指所缝制石袋的不同尺寸。

〔 三 〕中国古代一斤为十六两，文中的二十两按现代量制换算，则为一斤二两半。

五六七八月行功法

　　功逾百日，心下两旁胁肋梢，已用石袋打，而且揉。此处乃皮骨之交，内壮、外壮于此分界。既于此时不向外引，则其积气向骨中行矣。气循打处，逐路而行，则自心口打至于颈，又自肋梢打至于肩，周而复始，不可倒行。日行三次，共准六香，勿得间断。如此百日，则气满前怀[一]，任脉充盈矣[二]。

【校释】

〔一〕怀，胸腹。

〔二〕任脉，中医学中的人体奇经八脉之一，总任一身阴经，与全身所有阴经相连，凡精血、津液均为任脉所司，故称为"阴脉之海"。任脉起于胞中，下出会阴，经阴阜，沿腹部和胸部正中线上行，经过咽喉，到达下唇内，环绕口唇，上至龈交穴，与督脉相会，详见明代李时珍的《奇经八脉考·任脉》。

九十十一十二月行功法

功至于二百日，前怀气满，任脉充盈，则宜连入脊后[一]，以充督脉[二]。从前之气，已上肩头。今则自肩至颈，照前打法，兼用揉法。上循玉枕[三]，中至夹脊[四]，下至尾闾[五]，处处打之，周而复始，不可倒行。脊旁软处，以掌揉之，或用槌、杵随便打捣。日准六香，共行三次。或上或下，或左或右，揉打周遍，用手遍搓，令其匀润，功成行满也。

【校释】

〔一〕连入脊后，王端履本作"速入脊后"，来章氏本作"运入脊后"。

〔二〕督脉，中医学中的人体奇经八脉之一，总督一身之阳经，六条阳经都与督脉交会于大椎，督脉有调节阳经气血的作用，故称为"阳脉之海"。督脉起于胞中，下出会阴部向后，行于脊里正中，上至风府，入于脑，上头顶，下额，沿前额正中，到鼻柱下方及上齿。前后与任脉、冲脉相通,详见明代李时珍的《奇经八脉考·督脉》。

〔三〕玉枕,中医学中的人体穴位名,位于人体的后头部,当平枕外隆凸上缘的凹陷处。

〔四〕夹脊,中医学中的人体穴位名,位于脊柱两侧,从两旁将脊柱夹于其中。

〔五〕尾闾,中医学中的人体穴位名,位于人体的尾骨端。

阴阳配合论

天地,一阴阳也,阴阳相交,而后能生万物〔一〕;人身,一阴阳也,阴阳相交〔二〕,而后能无百病。此功以(亦)〔三〕是阴阳互用之妙。气血交融,自然无病,无病则壮,其理甚明〔四〕。

然而,行功亦借阴阳交互之义,是亦外盗天地万物之元机也〔五〕。凡行此功,始自却病。凡人之身,其阳衰者,多患痿弱虚惫等症,宜用童女或少妇依法揉之。盖以女子外阴而内阳,借取其阳,以助其衰,是为至理。若阳盛阴衰者,多患火症,宜用童男子或少男揉之。盖童子外阳而内阴,借其阴以制其盛,亦是元机〔六〕。至于无病人行此功者,则从其便。若用童男、童女相间〔七〕行功,令其阴阳和畅〔八〕,更属妙事也。

【校释】

〔一〕《黄帝内经·素问》曰:"阴阳者,天地之道,万物之纲纪,变化之父母,生杀之本始,神明之府也。"《易传·系辞传》曰:"天地氤氲,万物化醇,男女构精,万物化生。"

〔 二 〕阴阳相交,乃为"阴阳和谐"之义,故后文曰"能无百病"。《黄帝内经·素问》曰:"阴胜则阳病,阳胜则阴病。"

〔 三 〕以,当为"亦"字之误,王端履本作"亦",述古堂本作"乃"。

〔 四 〕其理甚明,述古堂本、王端履本、来章氏本作"其理分明"。

〔 五 〕盗,即前面所说的"借用"之义;元机,应是"玄机",因避康熙讳改为"元机"。玄机亦即天机,万物造化之奥秘。

〔 六 〕据李素平著《女神·女丹·女道》第 267 页所引《女金丹序》曰:"男子外阳内阴,女子外阴内阳,禀性不同,形骸各别。"(宗教文化出版社 2004 年版)

〔 七 〕相间,间隔、交错。

〔 八 〕阴阳和畅,王端履本、来章氏本作"阴阳各畅"。

下部行功法

积气三百余日,前后任、督二脉悉皆充满,乃行下部工夫,令其贯通[一]。盖任、督二脉在母胎时,原自相通;出胎以来,饮食出入,隔其前后通行之道。督脉自上龈[二]循顶行脊,下至尾间;任脉自承浆[三]循胸,下至会阴[四],两不相贯。今行下部工夫,则气至,可以相接而交旋矣。

行此功夫,其法在两处,其目有十一段。两处者,一在睾丸,一在玉茎[五]。在睾丸者,曰攒,曰挣,曰搓,曰拍;在玉茎者,曰咽,曰牵,曰抚,曰握,曰洗,曰束,曰养。以上十一字,除咽、洗、束、养之外,余七字用手行功。皆自轻至重,自松至紧,自勉至安[六],周而复始,不计遍数。日以六香,分行三次,百日成功,则其气充满,超越万物矣。

　　凡攒、挣、搓、拍、牵、抚六字,皆用手行之,渐次轻重。若咽字者,初行功时,先吸清气一口,以意咽下,默送至胸;再吸气一口,送至脐间;又咽一口,送至下部行功处[七],然后行攒、挣等功。握字功,皆用努气至顶,乃为得力,日以为常。洗者,以药水逐日荡洗二次也,一取通和血气,一取苍老皮肤。束者,功毕洗毕,用软帛作绳束其茎根,松紧适宜,取其常伸不屈之义[八]。养者,功成物壮,鏖战胜人是其本分。犹恐其懒(嫩)[九],或致他虞,先用旧鼎时时养之[一〇]。养者,谓安闲温养,切勿驰骤。此功行满百日,久久益佳。

【校释】

〔一〕贯通,述古堂本、王端履本、来章氏本作"通贯"。

〔二〕龈,亦称牙龈,为齿根肉。

〔三〕承浆,中医学中的人体穴位名,位于人体的面部,当颏唇沟的正中凹陷处。

〔四〕会阴,中医学中的人体穴位名,位于人体生殖器后方与肛门前方的部位,是任、督、冲三脉交汇之处。

〔五〕玉茎,即阴茎。

〔六〕勉,勉强、不自然;安,安适。

〔七〕下部行功处,即为玉茎处。杂有导引练气的房中术,古籍中不乏见。如《素女经》曰:"天地有开阖,阴阳有造化,人法阴阳,随四时。今欲不交接,神气不宣布,阴阳闭隔,何以自补?练气数行,去故纳新,以自助也。"

〔八〕荷兰学者高罗佩著《中国古代房内考》所引《秘戏图考》曰"若行采战,先用绢带,束固茎根",并云"此种或类似辅助工具常见于明代色情小说"（商务印书馆 2007 年版）。

〔九〕懒，当为"嫩"字之误，述古堂本、王端履本、来章氏本作"嫩"。

〔一〇〕鼎，原是古代的一种盛煮东西的器物，后被方士丹家作为烧炼
丹药的器具，在内丹理论中转引指人体。如宋人张伯端的《悟
真篇》曰："先把乾坤为鼎器，次搏乌兔药来烹。"旧鼎，谓旧时
的身体状态。　　时时养之，述古堂本、王端履本、来章氏本作
"时或养之"。

行功禁忌

自上部初功至此三百余日，勿多近内〔一〕。盖此功以积
气为主，而精神随之。初功百日，全宜禁之；百日功毕，乃
可近内一次，以疏通其留滞。多或两次，切不可三也。向
后，皆同此意。至行下部功时，五十日疏放一次，以远其旧，
令生其新。以后慎加保重，作壮之本，慎勿浪用，珍之！珍
之〔二〕！此后功成气坚，收放在我，顺施则人，逆用则仙〔三〕，
固非凡宝可论价值也。

【校释】

〔一〕内，指女色。如《左传·僖公十七年》曰："齐侯好内。"元人钱
惟善《送贾元英之照潭》有句云："梦里无题惟寄内。"近内，指
房内床笫之事。

〔二〕此段所言，反映了古人对"精"的高度重视，宝精是性命攸关的
大事。张景岳的《类经》曰："善养生者，必宝其精。精盈则气
盛，气盛则神全，神全则身健，身健则病少。"

〔三〕顺施则人，逆用则仙，是在道家"反者道之动"的观念下形成的

道教内丹学说。在道教看来，按照一般人的生长规律，其结果最终摆脱不了死亡，因此在其长生不老及修炼成仙的目标追求下，提出了"我命在我"的"逆则成仙"观，故有"顺成人，逆成仙，全在阴阳颠倒颠"之说。《悟真篇》有言："不识玄中颠倒颠，争知火里好栽莲？"

下部洗药方

行下部功，常宜药水日日荡洗，不可间断。盖取药通和气血，苍老皮肤，又且解热退火，不致他虞也。

法用：地骨皮、蛇床子〔一〕各量，用煎汤，先温后热，缓缓荡之，日二次洗。

【校释】

〔 一 〕蛇床子，中药名，具有温肾壮阳，燥湿祛风等作用。

内壮神勇

壮有内外。前虽分两，尚未究竟，此再明之。自行胁肋打揉之功，气入骨分至，今（令）〔一〕任督二脉一气充满，前后交接矣。尚未见力，何以言勇？盖以气未到手也。

法用石袋照前打之。先从右肩以次打下，至于右手中指之背，又从肩前打至大指、食指之背，又从肩后打至无名指之背，又从肩里打至大指、食指之梢，又从肩外打至掌内大指、小指之梢。打毕，用手处处搓揉，令其均和。日限六香，分行三次，时常荡洗，以疏血气。功满百日，其气始透。乃行于左手，仍准前法，功亦百日。至此，则骨中生出神力，久久加功，其臂腕迥异寻常，以意努之，硬如铁石。并其指，可贯牛腹；侧其掌，可断牛领[二]；努其拳[三]，可碎虎脑，皆小用之技也。

【校释】

〔一〕今，当为"令"字之误，述古堂本、来章氏本作"令"。

〔二〕领，脖子。如《左传·昭公七年》曰："引领北望。"

〔三〕努其拳，即用力挥动其拳。

炼手余功

炼手用功之后，常以药水频频荡洗。初温次热，最后大热，自掌及腕，皆令周遍。荡毕，勿拭，即乘热摆撒其掌，以至自干。摆撒之际，以意努气，至于大指梢，是其生力之法。又以黑、绿二豆拌置斗中，以手插豆，不计遍数。一取荡洗和其气血，一取二豆能解火，一取摩厉坚其皮肤。如此功久，则从前所积之气，行至于手而力充矣，其皮肉、筋膜与骨相着而不软弱。不用之时，与常人无异；用时，注意一努，则坚如铁石，以之击挞，物莫能当。

盖此力自骨中生出，与世俗所云外用迥不相同。内外之分，看筋可辨：内壮者，其筋条畅，其皮细腻，而力极重；若外壮者，其皮粗老，其掌与腕，处处之筋悉皆蟠结[一]，状如蚯蚓浮于皮外，而其力多。此内外之辨，灼然[二]可见者也。

【校释】

〔一〕蟠结，盘曲纠结。如宋人苏轼的《孙莘老寄墨》诗有句云："晴窗洗砚坐,蛇蚓稍蟠结。"

〔二〕灼然,明显。如东汉人徐干的《中论·审大臣》曰:"文王之识
也,灼然若披云而见日,霍然若开雾而观天。"

外壮神力八段锦〔一〕

内壮既熟,骨力坚凝,然后方可引达于外。盖以其根在内,由中达外,有本之学也〔二〕。炼外之功,概以八法:曰提,曰举,曰推,曰拉,曰揪,曰按,曰抓,曰坠〔三〕。依此八法,努气行之〔四〕,各行一遍,周而始复,不计遍数,亦准六香,日行三次,久久功成,则力充于周身矣。用时照法取力,无不响应,骇人听闻。古所谓托城闸〔五〕、力扛鼎〔六〕、手格猛虎〔七〕、曳舟于陆〔八〕、挟辀而趋〔九〕、植颣于风〔一〇〕、窃舟于壑〔一一〕,俱非异矣。其八法,皆逐字单行,以次相及。更为专精,任从其便。

【校释】

〔一〕外壮神力八段锦,西谛本正文前目录、述古堂本作"外壮神勇八
段锦",来章氏本作"外壮神力八段锦"。八段锦,原为古人创编
的一种导引术,其特点是由八节动作组成一个完整的功理功法,
文献中最早见于葛洪的《神仙传》。稍后,宋代洪迈的《夷坚志》
中亦有记述,其云宋政和七年(1117)前,民间已流行一种"嘘
吸按摩"的八段锦。南宋绍兴二十一年(1151)晁公武所著的
《郡斋读书志》所引录的书目里有《八段锦》一卷,"不题撰人,
吐故纳新之诀也"。随着发展,八段锦逐步形成了立势八段锦
(武八段)与坐势八段锦(文八段)两大类。当然,文中所列"八

法"与社会上流传的八段锦有别,乃借用其名。

〔二〕有本之学也,来章氏本作"方为有本之学"。

〔三〕文中的"八法"显然为肢体活动,故曰"炼外之功"。

〔四〕努气行之,指活动中当配以呼吸运气。

〔五〕托城闸,事见《左传·襄公十年》:公元前 563 年,孔子父亲叔梁纥随诸侯军讨伐偪阳,当诸侯军临城下时,偪阳人大开城门,妄称投降,诸侯军不知其诈,争先攻入,期间,偪阳人突然放下高悬的城闸,正在此紧急关头,叔梁纥双手"抉之以出门者",注曰:"抉举县门,出在内者。"以下所言种种,均非常人所能为。

〔六〕力扛鼎,《史记·项羽本纪》曰:"籍长八尺余,力能扛鼎。"

〔七〕手格猛虎,古代又称"暴虎"。如《论语·述而》中有"暴虎冯河"之记,疏曰:"空手搏虎为暴虎。"《史记·殷本纪》称纣王帝辛"材力过人,手格猛兽"。

〔八〕曳舟于陆,语出《庄子·天运》,其曰:"夫水行莫如用舟,而陆行莫如用车。以舟之可行于水也,而求推之于陆,则没世不行寻常。"据说夏代的奡能在陆地上撑船行舟,《论语·宪问》中称"奡荡舟"。

〔九〕挟辀而趋,语出《左传·隐公十一年》,曰:"公孙阏与颍考叔争车,颍考叔挟辀以走。"辀,车辕,代指车。

〔一〇〕毨,鸟兽贴近皮肤处的细软之毛,宋代王安石的《和吴冲卿雪》有句云:"轻于擘絮纷,细若吹毛毨。"植毨于风,其意是指能将鸟兽的细软之毛放于风中而不倒伏。

〔一一〕窃舟于壑,语出《庄子·大宗师》,曰:"夫藏舟于壑,藏山于泽,谓之固矣! 然而夜半有力者负之而走,昧者不知也。"

神勇余功

内外两全,方称神勇。其功毕矣,以后常宜演炼,勿轻放逸[一]。一择园林诸树之大且茂者,是得本[二]土旺相之气,与众殊也。有暇之时,即至树所,任意行功。或搊或托,或推拉踢拔,诸般技艺,任意为之。盖取得其生气,又取努(势)[三]以生力,又取以暇成功也。一择山野挺立大石秀润完好殊于众者,特就其旁,亦云(用)[四]推、按种种字法,时尝(常)[五]演之。盖木与石实得天地、金木之精英,我能取之,良[六]为有用。

【校释】

〔一〕放逸,意为放纵心思、任性妄为之义,这里指不勤于修炼。

〔二〕本,述古堂本、来章氏本作"木"。

〔三〕努,当为"势"字之误,述古堂本作"势"。

〔四〕云,当为"用"字之误,述古堂本作"用"。

〔五〕尝,当为"常"字之误,述古堂本、来章氏本作"常"。

〔六〕良,诚然、的确。如李白《春夜宴桃李园序》曰:"古人秉烛夜游,良有以也。"

后　跋

　　紫凝道人〔一〕曰：余读《易筋经义》，因悟世之缁、黄〔二〕两家，学者多如牛尾，成者希如麟角，非道之难得，实因缺此一段工夫〔三〕，内无基本耳。既无承受之地，又无勇往之力，或作或辍，或中道而返，或既得而失，或优柔不断，皆职此故也。如禅定则有入魔之虞〔四〕，宗门〔五〕则有迷而不悟之虞，金丹〔六〕则有得而复失之虞，清净则有几成而败之虞，泥水则有进鼎之虞〔七〕，导引〔八〕则有倦废之虞，服食〔九〕则有燥渴之虞，是皆无此工夫，非受道器也。

　　引而伸之，即耕与读若有此功，富贵圣贤基之〔一〇〕可得；治兵治民若有此功，上考殊勋〔一一〕基之可得。微至负贩经营能行此功，亦能任重致远；下至丐夫牧竖能行此功，亦不迫于饥寒。而况病者得之即安，怯者得之则强，外侮闻之慑，乏嗣〔一二〕行之延，老者得之康，壮而寿少者得之纯粹而精。是举天地间，人人宜用之功也。由是知达摩师所云"基此作佛"之语，岂不信然哉！

　　此法不炼不成，一炼即成，小炼小成，大炼大成，久炼久成，尤无退败。吾不知人世间复有何利益，足以加〔一三〕此？复有何妙义,足以加此也? 是在知之而好之,而乐之,以求至于其极,斯不负所知,斯不负古人留辞援引之意耳。或问行功之要,曰智、仁、勇。不达〔一四〕,又问,曰信、专、恒,如是而已!

【校释】

〔 一 〕道人,指有道术者,南北朝时曾为僧人的别称。如《世说新语·言语》曰:"竺法深在简文坐,刘尹问:'道人何以游朱门?'答曰:'君自见其朱门,贫道如游蓬户。'"后一般指道教徒。

〔 二 〕缁,黑色,因僧人常穿黑色衣服,故这里借指僧人;黄,黄冠,因多为道士戴用,故这里借指道士。

〔 三 〕一段工夫,即指以上著述的练功方法与练功过程。

〔 四 〕禅定,又名"坐禅",为佛教用的修持方法。"禅"的梵语是"禅那",其意译为"思惟修",是安静而止息杂虑之义,即坐禅时住心于一境,在定中产生无上的智慧,以无上的智慧来印证、证明一切事物的真如实相;魔,佛教用语,梵文"魔罗"的简称,原指夺人生命,且障碍善事之恶鬼,大约至南北朝时,将那种能障碍、扰乱修行诸物也称为"魔"。

〔 五 〕宗门,这里或泛指释、道。

〔 六 〕金丹,中国古代炼丹术名词,包括外丹和内丹两种。所谓外丹,指炼丹家选用某些矿物原料所炼制的丹药,认为服用后可以长生不老,使人成仙;所谓内丹,即是气功,把人体作炉鼎,以体内的精、气、神作为药物,以意念内导为火候,使精、气、神凝聚结成内丹,从而改变练功者的身心状态,达到健康长寿、长生不老之目的。宋代以前金丹多指外丹,因许多人纷纷死于服用外丹,故自宋以后内丹勃兴,文献中的"金丹"也多指内丹而言,但多延用其外丹术语。

〔 七 〕在外丹术中,所谓"泥水",是将所要求的"六一泥"与水相拌,主要用来涂抹鼎器的对接处,起密封(济固)作用;所谓"进鼎"
是指因烧炼不得当,而引起鼎器破裂。其后,"泥水"一名被引
入内丹术中,又名"泥水金丹"。"泥水进鼎"是指在练功过程
中,因采药(精、气、神)或火候不当等原因而导致的无法封固结
丹。如《性命圭旨·亨集》中曰:"然初机之士,炼心未纯,昏多
觉少,才一合眼,元神离腔,睡魔入舍,以致魂梦纷飞,无所不
至,不惟神出气移,恐有漏炉进鼎之患。"

〔 八 〕导引,中国传统健身方法,《庄子·刻意》:"吹呴呼吸,吐故纳
新,熊经鸟申,为寿而已矣。此道引之士,养形之人,彭祖寿考
者之所好也。"历史上导引的具体内容基本分为两类:一类是在
意识参与下的一种吐故纳新的呼吸锻炼,即所谓气功;另一类
是摇筋骨,动肢节的肢体运动,如五禽戏、八段锦等。

〔 九 〕服食,又名服饵,指通过服食药物(丹药和草木药)以养生。服
食起源于战国方士,《汉书·艺文志》著录的《黄帝杂子芝菌》
十八卷,可谓其代表。服食后为道教承袭。葛洪的《抱朴子内
篇·仙药》有专文论述及对各种药物的分类,并在《遐览》篇录有
《木芝图》《菌芝图》《肉芝图》《石芝图》《大魄杂芝图》各一卷,
《服食禁忌经》一卷,《小饵经》一卷和《采神药治作秘法》三卷。

〔一〇〕基之,以此为基础。

〔一一〕考,有推求、敲击之意,这里指求得;殊勋,特出的功勋。如《三
国志·魏志·荀彧传》曰:"董昭等谓太祖宜进爵国公,九锡备
物,以彰殊勋。"

〔一二〕乏嗣,无接续香火的子嗣。

〔一三〕加,超过。

〔一四〕达,通晓,明白。如唐代王勃的《滕王阁序》曰:"所赖君子安贫,
达人知命。"

述古堂本《易筋经》校释

提　要

　　述古堂本《易筋经》,清抄本,上、下二卷,现藏于台湾"中央图书馆"。书页印有墨格,栏外镌有"述古堂钱遵王藏书"字样,每页十行,最后题署"钱后人钞藏于述古堂"数字。抄本里除台湾"国立中央图书馆收藏"之印外,另钤有印章四枚:一方曰"勲□秘玩",一方曰"勲□见过",一方曰"风尘逸客",此三印暂不明其用章主人;最后一印钤于书末,文曰"于氏小谟觞馆"。

　　钱遵王(1629—1701)名曾,江苏常熟人,自号也是翁、贯花道人、钱后人、述古堂主人等。他不仅诗文粲然,更是著名的藏书家、书目文献学家,勤于抄书。遵王抄书用纸喜印墨格,栏外镌"钱遵王述古堂藏书"或"虞山钱遵王述古堂藏书"字样。当然,抄本曰"钱后人钞藏于述古堂",并非一定是由钱遵王本人亲手抄录。述古堂本《易筋经》通篇小楷抄就,然其字体与钱遵王自书的《怀园小集》和《奚囊集》相比,显然有别。鉴于明清吴中藏书家除自己抄写外,家境优裕者多蓄养专门的抄书人,述古堂本《易筋经》大约亦因此而来。

　　述古堂本《易筋经》的内容可分为三大部分:一是署名唐李靖和宋牛皋写的两篇《序》,二是题名紫凝道人所写的《后跋》,三是二十八则正文内容。其正文内容二十八则,其数与清嘉庆学者周中孚在他的《郑堂读书记》中所提到的抄本《易筋经义》"其书凡二十八则"相同。

易筋经序

唐李靖药师撰

后魏孝明帝太和年间,达摩祖师[一]自梁适魏,面壁于少林寺。一日,谓其徒众曰:"盍各言所知,将以占乃诣。"众因各陈其进修。师曰,某得吾皮,某得吾肉,某得吾骨,惟于慧可曰"尔得吾髓"云云。后人谩解之,以为入道之浅深耳,盖不知其实有所指,非谩语也。

迨九年功毕,示化,葬熊耳山,却乃遗只履而去。去后,面壁处碑砌坏于风雨,少林僧修葺之,得一铁函,无封锁,有际会,百计不能开。一僧曰:"此必胶之固也,宜以火启之。"乃镕蜡满注四着,得所藏经二帙,一曰《洗髓经》,一曰《易筋经》。《洗髓经》者,谓人之生[二]感于爱欲,一落有形,悉皆滓秽。欲修佛谛,动障真如,五脏六腑、四肢百骸,必先一一洗涤净尽,纯见清虚,方可进修,入佛智地。不由此经,进修无益,无有是处。读至此,然后知向者所谓"得髓者",非譬喻也。《易筋经》者,谓骨髓之外、皮肉之内,莫非筋膜联络周身，通行血气。凡属后天，皆其提挈，借假修真；非所襄赞，立见颓靡。视作泛常，曷臻极至？舍是不为，进修不力，无有是处。读至此，然后知所谓皮、肉、骨者，非譬喻，亦非谩语也。《洗髓经》帙归于慧可，附之衣钵，共作秘传，后世罕见；惟《易筋经》留镇少林，以永师德。

　　第其经字，皆天竺文，少林诸僧不能遍译。间有译之，则十之二三[三]，复无至人口传秘密[四]，遂各逞己意，演而习之，竟趋傍径[五]，落于技艺，遂失作佛真正法门。至今，少林僧众仅以角艺擅场，是得此经之一斑也。众中一僧，具超绝识，念惟达摩祖师[六]既留圣经，宁惟小技？今不能译，当有解者[七]。乃怀经远访，遍历川岳。一日，抵蜀，登峨嵋山，得晤西竺圣僧般剌密帝，言及此经，并陈来意。圣僧曰："佛祖心传，基先于此。然而，经文不译[八]，佛语渊奥也；经义可译，通凡达圣也。"乃一一指陈，详译其义。且止僧于山，提挈进修。百日而凝固，再百日而充足，再百日而畅达，得所谓金刚坚固地。驯此入佛智慧地，洵为有基助矣。僧志坚精，不落世务，乃随圣僧化行海岳，不知所之。

　　徐鸿客遇之海外，得其秘谛。既授于虬髯客，虬髯客复授于予[九]。尝试之，辄奇验，始信语真不虚。惜乎未得《洗髓》之秘，不能观游佛境[一○]；又惜立志不坚，不能如僧不落世务，乃仅借六花小技，以勋伐终，中怀愧歉也！

　　然而，此经妙义世所未闻，谨序其由，俾知颠末。企望学者务期作佛，勿效区区[一一]作人间事业也。若各能作佛，乃不负达摩祖师留经至意；若曰勇足以名世，则古之以力闻者多矣，奚足录哉？

贞观二年[一二]春三月三日

【校释】

〔一〕祖师，西谛本、王端履本、来章氏本作"大师"。

〔二〕人之生，西谛本作"人之生欲"。

〔三〕间有译之，则十之二三，西谛本作"间亦译得十之二三"，来章氏本作"间亦译得十之一二"。

〔四〕秘密，西谛本、来章氏本作"密秘"。

〔五〕傍径，侧路，偏路，傍、旁通。

〔六〕祖师，西谛本、来章氏本作"大师"。

〔七〕当有解者，西谛本、来章氏本作"当有译者"。

〔八〕经文不译，西谛本、来章氏本作"经文不可译"。

〔九〕予，西谛本作"余"。

〔一〇〕观游佛境，西谛本作"游观佛境"。

〔一一〕勿效区区，西谛本为"切勿效区区"。

〔一二〕贞观二年，西谛本、来章氏本作"贞观二载"。

易筋经内外神勇序

大宋鄂镇大元帅少保岳麾下弘毅将军汤阴[一]牛皋鹤九谨撰

予，武人也，目不识一字，好弄长枪大剑，盘马弯弓以为乐。值中原沦丧，二帝北狩，泥马渡河，江南多事。予因应我少保岳元帅之募，署为裨将，屡上战功，遂为大将。

忆昔年，奉少保将令出征，后旋师还鄂。归途，忽见一游僧，状貌奇古，类阿罗汉相，手持一函入营，嘱予致少保。叩其故，僧曰："将军知少保有神力乎？"予曰："不知也，保（但）[二]见我少保能挽百石强弓耳。"僧曰："少保神力天赋之欤？"予曰："然。"僧曰："非也，余授之耳。少保少尝从学于余。神力成功，余嘱其相随入道，不之信，去而作人间勋业事[三]。名虽成，志难竟，天也，运也，命也，奈若何？今将及矣！亟至[四]此函，或能返省获免。"予闻言，不胜悚异。叩姓氏，不答；叩所之，曰"西访达师"。余惧其神威，不敢挽留，竟飘然去。

少保得函，读未竟，泣数行下，曰："吾师神僧也，不吾待,吾其休矣!"因从襟袋中出一册付予,嘱曰:"好掌此册,择人而授,勿使进道法门斩焉中绝,负神僧也!"不数月,果为奸相所构。予心伤少保冤愤莫伸,视功勋若尘土,固无复人间之想矣。念少保之嘱不忍负,恨武人无巨眼,不知斯世谁具作佛之志堪传此册者。择人既难,妄传无益。今将此册藏[五]于嵩山石壁之中,听有道缘者自得之,以衍进道之法门,庶免妄传之咎,可酬对少保于上天矣!

绍兴十二年月日书

【校释】

〔一〕汤阴,今属河南安阳,岳飞的故里。

〔二〕保,当为"但"字之误,西谛本等诸本均作"但"。

〔三〕人间勋业事,西谛本作"人间勋业"。

〔四〕至,西谛本、来章氏本作"致",至、致通。

〔五〕藏,西谛本、来章氏本作"传"。

后　跋

　　紫凝道人曰：予读《易筋经义》，因悟世之缁、黄两家，学者多如牛毛[一]，成者稀如麟角，非道之难得，实因缺此一段工夫，内无基本耳。既无成受之地[二]，又无勇往之力，或作或辍，或中道而返，或既得而失，或优柔不断，皆职此故也。如禅定则有入魔之虞，宗门有迷而不悟之虞，金丹有得而复失之虞，清净有几成而败之虞，泥水有进鼎之虞，导引有倦废之虞，服食有燥渴之虞，是皆无此功夫，非受道器也。

　　引而伸之，即耕与读若有此功，富贵圣贤基之可得；治兵治民若有此功，上考殊勋基之必得[三]。微至负贩经营能行此功，亦能任重致远；下至丐夫牧竖能行此功，亦不迫于饥寒。而况病者得之即安，怯者得之即强[四]，外侮闻之慑，乏嗣行之延，老者得之康，壮而寿少者得之纯粹而精。是举天地间，人人宜用之功也。由是知达摩师所云"基此作佛"之语，岂不信哉！

　　然此法不炼不成，一炼即成，小炼小成，大炼大成，久炼久成，永无退败[五]。吾不知世间复有何利益，足以至此？复有何妙义,足以如此也? 是在知之而好之,而乐之,以求至乎其极,斯不负所知,斯不负古人留辞援引之意耳。或问行功之要,曰智、仁、勇。不达,又问,曰信、专、恒,如是而已!

【校释】

〔 一 〕牛毛,西谛本作"牛尾"。

〔 二 〕既无成受之地,西谛本作"既无承受之地"。

〔 三 〕基之必得,西谛本作"基之可得"。

〔 四 〕即强,西谛本作"则强"。

〔 五 〕永无退败,西谛本作"尤无退败"。

易筋经目录

卷　下

　　木杵木槌式

　　石袋式

　　五六七八月行功法

　　九十十一十二月行功法

　　阴阳配合论

　　下部行功法

　　行功禁忌

　　下部洗药方

　　用　战

　　内壮神勇

　　炼手余功

　　外壮神勇八段锦

　　神勇余功

【校释】

〔　一　〕内壮丸药法,正文作"内壮丸药方"。

易筋经卷上

西竺般剌密帝译

易筋总论

般剌密帝译曰：世尊大意，谓学佛乘者初基有二：一曰清虚，一曰勇往。清虚，无障；勇往，无懈。不先办（辨）〔一〕此，进道无基。清虚谓何？《洗髓》是也；勇往谓何？《易筋》是也。易者，变也；筋者，劲也。原夫人身髓骨以外、皮肉以内，四肢百骸，无处非筋，无用非筋，无劲非筋，联络周身，通行气血，助翼精神，提挈动用。试观筋弛则痪，筋挛则瘘，筋靡则痿，筋弱则懈，筋绝则亡；再观筋壮则强，筋舒则长，筋劲则刚，筋和则康。以上因内赋于天，外感于物，或盛或衰，匪由躬修，自成诸状。

今以人功变弱为强，变挛为长，变柔为刚，变衰为康，易之力也，身之利也，圣之基也。我命在我，此其一端。然而，功有渐次，法有内外，气有运用，行有起止。以至药物器制，节候岁年，及夫饮食起居，征验始终。务宜先办信心，次立肯心，奋勇往心，坚精进心，如法行持，进退不懈，无不立跻圣境也。

【校释】

〔一〕办，当为"辨"字之误，西谛本作"辨"。

膜　论

髓骨之外，皮肉之内，以至五脏六腑，无处非筋，亦无处非膜。膜较于筋，膜为稍软；膜较于肉，膜为稍劲。筋则分缕，半附骨肉；膜则周遍，附着骨肉，与筋有分，其状若此。炼金（筋）〔一〕则易，炼膜则难。

盖修炼之功，以气为主。天地生物，气之所至，百物生长，修炼气至，筋膜齐坚。然而，筋体虚灵，气至则起；膜体沉浊，气不倍充，不能起发。炼至筋起之后，必宜倍加功力，务候周身膜皆腾起，与筋齐坚，外着于皮，并坚其肉，始为气充，始为了当。否则筋无助〔二〕，譬犹植物，无培无土，匪曰全功。

【校释】

〔一〕金，当为"筋"字之误，西谛本、米章氏本作"筋"。

〔二〕筋无助，王端履本作"筋坚无助"。

内壮论

内与外对，壮与衰对。壮与衰较，壮可钦〔一〕也；内与外较,外可略也。盖内壮言道,外壮言勇。道植圣基,勇仅俗务,隔霄壤矣。

凡炼内壮,其则有三。

一曰守中。此道炼法,专于积气,下手之要,妙于用揉。凡揉之时,解襟仰卧,手掌着处,掌下胸腹之间,即名曰"中"。惟此之"中",乃存气之地,应须守之。须含其眼光,凝其耳韵,匀其鼻息,缄其舌气,四肢不动,一意冥心,存想中处。先存后忘,渐渐至于如如不动,是名曰"守",是云合式。盖揉在于是,守在于是,则一中积气〔二〕与神俱注于是。久久积之,自成无量无边功德。设有杂念纷纭,驰情世务,神气随之而不凝注,虚所揉矣,无有是处。

一曰万勿及他。人身之中,精神、气血不能自主,悉从于意,意行则行,意止则止。守中之时,一意掌下,是为合式。设或驰念一掌之外,又或持念于各肢体,其所积精神,随走散于肢体〔三〕,即成外壮,而非内壮矣。揉而不积,虚所揉矣,无有是处。

一曰待其充周。凡揉与守,所以积气。气既积矣,故精神、血脉悉附之。守而不驰,揉而且久,气惟中蕴而不旁溢。真积日久〔四〕,自然充满周遍,即《孟子》所云"至大至刚,塞乎天地之间"者,是为浩然之气也。设未充周,驰意于外,走散于四肢〔五〕,则外勇亦不全,内壮亦不坚矣。

【校释】

〔 一 〕钦,钦慕。钦,西谛本作"歆",王端履本、来章氏本作"久"。

〔二〕积气，西谛本作"精气"。

〔三〕随走散于肢体，西谛本作"随即走散，至于肢体"，王端履本作
　　　　"随散于各肢"，来章氏本作"随即走散于各肢"。

〔四〕真积日久，西谛本作"真积力久"。

〔五〕驰意于外，走散于四肢，西谛本、来章氏本作"驰意外走，散于四
　　　　肢"。

揉　法

　　谚语有云："筋骨摩厉，而后能壮。"惟此揉法，摩厉之义
也。其则有三。

　　一曰春月起功。盖此炼法大约三段，每段百日。初行功
时，必解襟；次段功，必须现身，宜取二月中旬；下功为始，向
后渐暖，乃为通变。

　　一曰揉有定式。人之一身，右气左血。凡揉之法，宜向右
边推向于左〔一〕，是谓推气入于血分〔二〕，令其通融。又取胃居
右，揉令胃宽，能多纳气。而又取揉者右掌有力，便用不劳〔三〕。

　　一曰揉宜轻浅。凡揉之法，虽曰人功，宜法天义。天地
生物，渐次不骤，气至自生，候至物成，揉者法之。但取推
荡，徐徐往来，勿重勿轻，久久自得，是为合式。设令太重，
必伤皮肤，则生癍痏；太深，则伤于肌肉、筋膜，必生肿热，两
无是处。

【校释】

〔一〕宜向右边推向于左，王端履本、来章氏本作"宜从身右推向于左"。

〔二〕是谓推气入于血分，王端履本、来章氏本作"是取推气入于血分"。

〔三〕便用不劳，王端履本、来章氏本作"用而不劳"。

日精月华

太阳之精，太阴之华，一（二）气〔一〕交融，是生万物。古人知之而善咽之，久皆仙去，其法秘密，世人莫知也。况无坚志，且无恒心〔二〕，是为虚负居诸也。行内炼者，自初功始，至于成功，以至终身，勿论闲忙〔三〕，勿论时候，而凡采咽精华之功，不可间断。盖取阴阳精英益我神智，愚昧渐消，清灵日长，万病不生，良有大益！

采咽之法，日取于朔，谓与月初交，其气新也；月取于望，谓金水满盈，其气旺也。设朔望日值有阴雨，或值不暇，则初二三、十六七，过此六日，虚而不取也。取于日朔，宜初出时登高默对，调匀鼻息，细吸光华，令满口，闭息凝神，细细咽下，以意送之，至于中宫，是为一咽。如此七咽，静守片时，然后起行，任从酬应。望取月华，亦如前法〔四〕，于戌亥时采吞七咽，此乃天地自然之利。惟有恒者，能享用之；亦惟有信心，乃能取之。

【校释】

〔一〕一气，王端履本、来章氏本作"二气"，当是。

〔二〕况无坚志，且无恒心，西谛本作"况无坚心，且无虚心"。

〔三〕勿论闲忙，西谛本作"无论闲忙"。

〔四〕亦如前法，西谛本、王端履本、来章氏本作"亦准前法"。

服药法

炼壮法，外资于揉，内资于药。行功之始，先服一丸，约药入胃将化之时，即行功。夫揉与药力两相迎凑，乃为得法；过与不及，皆无益也。每功三日，服药一次，照此为常。

内壮丸药方

野蒺藜【炒去刺】，白茯苓【去皮】，白芍〔一〕【火煨】，朱砂【水飞】，甘草【蜜炙】，熟地〔二〕【酒洗】，以上各十分。人参【去芦】，白术【土炒】，全当归【酒洗】，大川芎〔三〕，以上各二分。皆作细末，炼蜜为丸，约重一钱。每服一丸，或汤或酒，皆可导送。或恐多品合丸〔四〕，其力不专，另立三方，只取一品，任用可也。

一方：野蒺藜，炒去刺，蜜作丸，一钱或二钱服之〔五〕。

二方：白茯苓，去皮作末，蜜丸或蜜水调服；或作块浸，愈佳〔六〕，约服一钱。

一方：朱砂，水飞过，每服三分，蜜水调下。

【校释】

〔一〕白芍，西谛本、王端履本、来章氏本作"白芍药"。

〔二〕熟地，西谛本、王端履本、来章氏本作"熟地黄"。

〔三〕大川芎，西谛本等诸本均作"川芎"，但其量不同，西谛本为"二分"，王端履本、武术院本为"二两"，来章氏本为"一两"。

〔四〕或恐多品合丸，西谛本作"一云多品合丸"。

〔五〕一钱或二钱服之，西谛本作"每丸一钱，每二钱服之"，王端履本、来章氏本作"每服一钱或二钱"。

〔六〕或作块浸,愈佳,西谛本作"或作块浸蜜中,久浸愈佳"。

烫洗药水方

行功之时,频宜烫洗。盖取咸(盐)〔一〕能软坚,功力易入,凉能散火,不致聚热。或一日一洗,或二日一洗,以此为常,功成乃已。

法用:地骨皮、食盐各量,用煎水乘热烫洗,则气血融和,肌肤疏畅。

【校释】

〔一〕咸,当为"盐"字之误,王端履本、来章氏本作"盐"。

初月行功法

初揉之时,要选童子数人,更番揉之。一取力小揉推不重,一取少年血气壮盛。未揉之先,服药一丸,约将化时,即揉起。揉与药力一齐运[行]〔一〕,乃得其妙。揉时,解衣仰卧,心下脐上,适当其中。按一掌自右向左,推而揉之,徐徐往来,匀匀勿乱,掌勿离皮,亦勿游动,是为合式。

当揉之时,冥心内观,守中存想,勿忘勿助,意不他驰,即精、气、神悉皆附注一掌之下,是为真正火候。若守中纯熟,揉推匀静,正揉之际,竟能熟睡,是为得法,胜于醒守。如此行持,约略一时,时不能定,则以大香一炷〔二〕为则。早、午与晚共行三次,日以为常。如少年火盛,只宜早、晚共行二次，恐其太骤，或致他虞。行功既毕，静睡片时，清醒而起，不妨应酬。

【校释】

〔一〕揉与药力一齐运，"运"后疑脱一"行"字，王端履本、来章氏本作"揉与药力一齐运行"。

〔二〕一炷，西谛本等诸本均作"二炷"。

二月行功法

初功一月，气已凝聚，胃觉宽大，其腹两旁，筋皆腾起，合（各）〔一〕宽寸余。用气努之，硬如木片，是其验也〔二〕。两肋之间，自心至脐，软而有陷，此则是膜较深于筋，掌揉不能腾也。至于此时，于前所揉一掌之旁，各开一掌，仍如前法，徐徐揉之。其中软处，用木杵深深捣之。久则膜起，浮至于皮，与筋齐坚，全无软陷，始为全功。此揉捣亦准二香，日行三次，以为常则。

【校释】

〔一〕合，当为"各"字之误，西谛本等诸本均作"各"。

〔二〕是其验也，西谛本作"是有验也"，来章氏本作"便为有验"。

三月行功法

功满二月，其间陷处至此略起，乃用木槌轻轻打之。两旁所揉各一掌处，却用木槌〔一〕如法捣之。又于其两旁至两肋稍（梢）〔二〕，各开一掌，如法揉之。准以二香，日行三次。

【校释】

〔 一 〕木槌,西谛本作"木杵"。

〔 二 〕稍,同"梢",末端之意,西谛本即作"梢"。为避免繁冗,后文凡表"末端"之"稍",均径改作"梢",不再一一注明。

四月行功法

功满三月,其中三掌,皆用槌打;其外二掌,先捣后打。日行三次,功逾百日,则气满筋[坚]〔一〕,膜亦腾起,是为有验。

【校释】

〔 一 〕气满筋,"筋"后疑脱一"坚"字,西谛本等诸本均作"气满筋坚"。

行功轻重

初行功时,以轻为主,必宜童子,其力平也。一月以后,其气渐坚,须有力者,渐渐加重,乃是合宜。切勿太重,或致动火;切弗〔一〕游移,或致伤皮,慎之!

【校释】

〔 一 〕切弗,西谛本等诸本均作"切勿"。

用功浅深

初功用揉,取其浅也。次渐加力,是因气坚而增,仍其浅也。次功用捣,取其深也。以次三用打。打外属浅,振内属深,内外皆坚,方为有得。

两肋分内外功夫

功逾百日，气已盈满天地之间，充塞周遍。譬之涧水拍岸，浮堤稍加决导，则奔放地之低处[一]，无处不到，不复在涧矣。当此之时，切弗用意引入四肢；所揉之外，切勿轻用槌、杵捣打。略有引导，则入四肢，即成外勇，不复归来行于骨里，不成内壮矣。

入内之法，乃用石袋，自从心口至于肋梢骨肉之间密密捣之，兼用揉法，并用打法。如是久久，则其所积充满之处循循入骨。入骨有路，则不外溢，始成内壮矣。内、外两歧于此分界，极宜审辨，不令中间稍有夹杂。若轻用引弓弩拳敲打等势，则开其路，导令旁溢，纵加多功，亦不入内，慎之！慎之！

【校释】

〔一〕则奔放地之低处，西谛本、王端履本、来章氏本作"则奔放他之"。

易筋经卷下

西竺般剌密帝译

木杵木槌式

木杵、木槌皆以坚木为主，其最降真，其次文楠、紫檀、花梨、铁栎、白檀，皆堪制用。杵长六寸，中径寸半，顶圆而微（尾）尖[一]，即为合式。槌长一尺，围圆四寸，靶[二]细顶粗，其粗之中处略高少许，取其高处着肉，而两头尚有闲空，是为合式。

【校释】

〔 一 〕微尖，王端履本、来章氏本作"尾尖"，当是。

〔 一 〕靶，西谛本诸本均作"把"，靶、把通。

石袋式

木杵、木槌用在肉处，骨缝之间悉宜石袋。石取圆净，全无棱角，大如葡萄[一]，小如榴子，生于水中者，方堪入选。山中者燥，能生火；土中者郁，气不宣畅；棱角坚硬，恐伤筋骨，皆不取也。袋用细布，缝作圆筒，如木杵形。圆其头，长约八寸，其次六寸，再其次三五寸约。石用半斤，其大一斤，其最二十两，分置袋中，以指挑之，挨次扑打。久久行之，骨缝之膜，皆坚壮也。

【校释】

〔 一 〕葡萄，西谛本作"蒲桃"。

五六七八月行功法

功逾百日，心下两旁胁肋梢，已用石袋打而揉〔一〕。此处乃皮骨之交，内壮、外壮于此分界。既于此时不向外引，则其积气向骨中行矣。气循打处，逐路而行，则自心口打至于颈，又自肋梢打至于肩，周而复始，不可倒行。日行三次，共准六香，勿得间断。如此百日，则气满前怀，任脉充盈矣。

【校释】

〔 一 〕已用石袋打而揉，西谛本、王端履本、来章氏本作"已用石袋打，而且揉"。

九十十一十二月行功法

功至于二百日，前怀气满，任脉充盈，则宜连入脊后，以充督脉。从前之气，已上肩头。今则自肩到颈〔一〕，照前打法，兼用揉法。上循玉枕，中至夹脊，下至尾闾，处处打之，周而复始，不可倒行。脊旁软处，以掌揉之，或用槌、杵随便打捣。日准六香,共行三次。或上或下,或左或右,揉打周遍,用手遍搓,令其匀润,功成行满矣。

【校释】

〔 一 〕自肩到颈,西谛本、来章氏本作"自肩至颈"。

阴阳配合论

天地,一阴阳也,阴阳相交,而后能生万物;人身,一阴阳也,阴阳相交,而后能无百病。此功乃是阴阳互用之妙。气血交融,自然无病,无病则壮,其理分明。

然而,行功亦借阴阳交互之义,是亦外助,盗天地万物之互(玄)机也〔一〕。凡行此功,始自却病。凡人之身,其阳衰〔二〕,则多患痿弱虚惫等症,宜用童女或少妇依法揉之。盖以女子外阴而内阳,借取其阳,以助其衰,是为至理。若阳盛阴衰者,多患火症,宜用童男子或少男揉之。盖童子外阳而内阴,借其阴以制其盛,亦是玄机。至于无病人行此功者,则从其便。若用童男、童女相间行功,令其阴阳和畅,更属妙事也。

【校释】

〔 一 〕互,当为"玄"字之误,西谛本、王端履本、来章氏本作"元"。"元"即"玄"之避讳而改。又,"行功亦借阴阳交互之义,是亦外助,盗天地万物之玄机也"一语,西谛本作"行功亦借阴阳交互之义,是亦外盗天地万物之元机也",王端履本作"故行此功,亦借阴阳交互之义以为外助,盗天地万物之元机也",来章氏本作"然行此功,亦借阴阳交互之义,盗天地万物之元机也"。

〔二〕其阳衰，西谛本、王端履本、来章氏本作"其阳衰者"。

下部行功法

积气三百余日，前后任、督二脉悉皆充满，乃行下部功夫，令其通贯。盖任、督二脉在母胎时，原自相通；出胎以后，饮食出入，隔其前后通行之道。督脉自上龈循顶行脊，下至尾间；任脉自承浆循胸，下至会阴，两不相贯。今行下部工夫，则气至，可以相接而交旋矣。

行此工夫，其法在两处，其目有十一段。两处者，一在睾丸，一在玉茎。在睾丸者，曰攒，曰挣，曰搓，曰拍；在玉茎者，曰咽，曰牵，曰抚，曰搓，曰洗，曰束，曰养。以上十一字，除咽、洗、束、养之外，余七字用手行功。皆自轻至重，自松至紧，自勉至安，周而复始，不计遍数。日以六香，分行三次，百日成功，则其气充，超越万物矣。

凡攒、挣、搓、拍、牵、抚六字，皆用手行之，渐至轻重。若咽字者，初行功之时〔一〕，先吸清气一口，以意咽下，默送至胸；再吸气一口，送至脐间；又咽一口，送至下部行功处，然后行攒、挣等功。握字功，皆用努气至顶，乃为得力，日以为常。洗者，以药水逐日烫洗二次也，一取通和血气，一取苍老皮肤。束者，功毕洗毕，用软帛作绳束其茎根，松紧适宜，取其常伸不屈之义。养者，功成物壮，鏖战胜人是其本分。犹恐其嫩，或至〔二〕他虞，先用旧鼎时或养之。养者，谓安闲温养，切勿驰骤，务（毋）令惯战〔三〕，然后能无失也。此功行满百日,久久益佳。弱者强,柔者刚,缩者长,病者康,居然烈丈夫矣!虽木石、铁槌,吾何惮哉?以此鏖战世间,应更无勍将也〔四〕。以之采取,即得玄珠〔五〕;以之延嗣,则百斯男。吾不知天地间,更有何乐孰大于是〔六〕?

【校释】

〔 一 〕初行功之时,西谛本作“初行功时”,王端履本、来章氏本作“则初行之始”。

〔 二 〕至,西谛本、王端履本、来章氏本作“致”,至、致通。

〔 三 〕务令惯战,依上下文意,当为“毋令惯战”。

〔 四 〕勍将,强大的敌将、敌手。应更无勍将也,王端履本作“应无女将也”,来章氏本作“应无敌手”。

〔 五 〕玄珠,王端履本、来章氏本作“元珠”。

〔 六 〕更有何乐孰大于是,来章氏本作“更有何药大于是汝(法)”。

行功禁忌

自上部初功至此二百余日〔一〕,弗多近内。盖此功以积气为主,而精神随之。初功百日,全宜禁之;百日功毕,乃可近内一次,以疏通其流滞〔二〕。多或二次,切不可三也。向后,皆同此意。至行下部[功]时〔三〕,五十日疏放一次,以远其旧,令生其新。以后慎加保重,作壮之本,慎勿浪用,秘之!秘之〔四〕!此后功成气坚,收放在吾,顺施则人,逆运则仙,固非凡宝所可论价值也。

【校释】

〔 一 〕二百余日,西谛本、王端履本、来章氏本作“三百余日”。

〔 二 〕流滞,西谛本作"留滞"。

〔 三 〕至行下部时,"部"后疑脱一"功"字,西谛本、来章氏本作"至行下部功时"。

〔 四 〕秘之秘之,西谛本作"珍之珍之"。

下部洗药方

行下部功,常宜药水日日烫洗,不可间断。盖取药通和气血,苍老皮肤,又且解热退火,不致他变[一]也。

法用:地骨皮、蛇床子各量,煎汤,先温后热,缓缓烫之,日洗二三次[二]。

【校释】

〔 一 〕变,西谛本作"虞"。

〔 二 〕日洗二三次,西谛本作"日二次洗",王端履本作"每日一二次,以为常则",来章氏本作"日一二次,以为常则"。

用 战[一]

精、气与神炼至坚固,本斯(期)[二]用作根基,希仙作佛,能勇往精进也。设人缘未了[三],用之临敌,当对垒时,其切要处在于意有所寄。气不外驰,则精自不狂,守而不走。设欲延嗣,则按时审候,应机而射,一发中的,无不孕者;设欲鏖战,则闭气存神,按队行兵,自能无敌。若于下炼之时,加吞剑[四]、吹吸等相间行熟,则为泥水[五]采补最上神锋也。

【校释】

〔 一 〕"用战"一则，王端履本题为"余伎"，内容稍有异。

〔 二 〕斯，当为"期"字之误，王端履本作"期"。

〔 三 〕人缘未了，王端履本作"人缘未尽"。

〔 四 〕吞剑，王端履本作"吞饮"。

〔 五 〕泥水，本为道教的修炼之术，又称"泥水金丹"，而作为房中术的采补，也同样是道教不老成仙的重要方术，被称为"阴丹"，如宋代的《云笈七签·摄养枕中方》曰："夫阴丹内御房中之术。"随着房中术与内丹修炼的进一步结合，房中术也逐步演变成为一种内丹术，如《张三丰全集·玄要篇》有句云："休言大道无作为，底事房中弄橐龠。欲时不动片时闲，紫气红光乱灼灼。"

内壮神勇

壮有内外。前虽言分两段〔一〕，尚未究竟，此再明之。自行胁肋打揉之功，气入骨分至，令任、督二脉一气充满，前后交接矣。尚未见力，何以言勇？盖以气未到手也。

法用石袋照前打之。先从右肩以次打下，至于右手中指之背，又从肩前〔二〕打至大指、食指之背，又从肩后打至无名指之背，又从肩里打至掌内大指、食指之梢〔三〕，又从肩外打至掌内大指、小指之梢〔四〕。打毕，用手处处搓揉，令其均和。日限六香，分行三次，时常烫洗，以疏气血〔五〕。功满百日，其气始透。乃行于左手，仍准前法，功亦百日。至此，则骨中生出神力，久久加功，其臂腕、指掌迥异寻常〔六〕，以意努之，硬如铁石。并其指，可贯牛腹；侧其掌，可断牛领；努其拳，可碎虎脑,皆小用之技也。

【校释】

〔一〕前虽言分两段,西谛本作"前虽分两",来章氏本作"前虽言分量（两）"。

〔二〕肩前,来章氏本作"肩背后"。

〔三〕又从肩里打至掌内大指、食指之梢,西谛本作"又从肩里打至大指、食指之梢",来章氏本作"后从肩里打至掌内大指、食指之梢"。

〔四〕又从肩外打至掌内大指、小指之梢,来章氏本作"又从肩外打至掌内中指、无名指、小指之梢"。

〔五〕以疏气血,西谛本作"以疏血气"。

〔六〕其臂腕、指掌迥异寻常,西谛本作"其臂腕迥异寻常"。

炼手余功

炼手用功之后,常以药水频频烫洗。初温次热,最后大热,自掌及腕,皆令周遍。烫毕,勿拭,即乘热摆撒其掌,以致自干〔一〕。摆撒之际,以意努气,至于大指梢,是其生气之法〔二〕。又以黑、绿二豆拌置斗中,以手插豆,不计遍数。一取烫洗和其气血,一取二豆能解火,一取摩厉坚其皮肤。如此功久,则从前所积之气,行至于手而力充矣,其皮肉、筋膜与骨相着而不软弱。不用之时,与常人无异;用时,注意一努,则坚如铁石,以之击挞,物莫能当。

盖此力自骨中生出,与世俗所云外壮〔三〕迥不相同。内外之分,看筋可辨:内壮者,其筋条畅,其皮细腻,而力极

重；若外壮者，其皮粗老，其掌与腕，处处之筋悉皆蟠结，壮
（状）〔四〕如蚯蚓浮于皮外，而其力多。此内外之辨，灼然可
见者也。

【校释】

〔一〕以致自干，西谛本、来章氏本作"以至自干"，至、致通。

〔二〕生气之法，西谛本、来章氏本作"生力之法"。

〔三〕外壮，西谛本作"外用"。

〔四〕壮，当为"状"字之误，西谛本作"状"。

外壮神勇八段锦〔一〕

　　内壮既熟，骨力坚凝，然后方可引达于外。盖以其根在
内，由中达外，有本之学也。炼外之功，概以八法：曰提，曰
举，曰推，曰拉，曰揪，曰按，曰抓，曰坠。依此八法，努气行
之，各行一遍，周而复始，不计遍数，亦准六香，日行三次，久
久功成，则力充于周身矣。用时照法取力，无不响应，骇人
听闻。古所谓拓城闸、力扛鼎、手格猛虎、曳舟于陆、挟辀而
超、植氄于风、窃舟于壑，俱非异矣。其八法，皆逐字单行，
以次相及。更为专精，任从其便。

【校释】

〔一〕外壮神勇八段锦，西谛本正文、来章氏本作"外壮神力八段锦"。

神勇余功

　　内外两全，方称神勇。其功毕矣，以后常宜演练，勿轻

放逸。一择园林诸树之中大且茂者,是得木(本)土旺相之气[一]。有暇之时,即至树所,任意行功。或槌或拓[二],或推拉踢拔,诸般技艺,任意为之。盖取得其生气,又取势以生力,又取以暇成功也。一择山野挺立大石秀润完好殊于众者,特就其旁,亦用推、按种种字法,时常演之。盖木与石实得天地、金木之精英,我能取之,良为有用。稽古大舜与木石居,匪谤语也[三]。

钱后人钞藏于述古堂

【校释】

〔 一 〕木,当为"本"字之误,西谛本作"本"。又,"是得木(本)土旺相之气"后,西谛本、来章氏本有"与众殊也"四字。

〔 二 〕拓,西谛本作"托",来章氏本作"扢"。

〔 三 〕稽古大舜与木石居,匪谤语也,来章氏本作"稽古大舜与木石居,非慢然也"。 稽古,考察古事;舜,又称"虞舜",传说中的上古明君;谤语,这里指毫无根据的道听途说之言。

王端履本《易筋经》校释

提　要

　　王端履本《易筋经》，清抄本，现藏于浙江图书馆。该抄本不分卷，共五十一页，每页九行，楷书，无抄录者姓名及年代，仅留有四方钤印。其中除"浙江省立图书馆藏书印"之外，其它三方均为朱文印章，一方曰"耒雠长寿"（钤于扉页）；一方曰"老当益壮斋"（钤于首页右上方）；一方曰"王端履字福将号小榖"（钤于首页右下方）。其中的"耒雠长寿"主人暂且不明，"老当益壮斋"及"王端履字福将号小榖"，则为清乾嘉学者王端履所用之章，故名此《易筋经》为"王端履本"。

　　王端履字福将，号小榖，浙江杭州萧山人，生于乾隆四十一年（1776），嘉庆十九年（1814）进士，博识多才，工诗词；其父王宗炎字以除，号谷塍，乾隆四十五年（1780）进士，学问渊博；其族叔王绍兰字晼馨，号南陔，乾隆五十八年（1793）进士，所以其故居又被当地称为"世进士第"，其址至今犹存。

　　王端履本《易筋经》内容，大致分为三大部分：一是署名李靖、牛皋及海岱游人的三篇序言，二是包括《总论》在内的二十三则正文内容，三是般剌密谛和紫阳道人之"曰"，位于《总论》《膜论》《内壮论》之下。正文内容中的《余伎》不见西谛本，述古堂本及来章氏本则名其曰《用战》，但内容稍有差异，而道光三年的市隐斋本《易筋经》亦有《余技》一则，曲折透显出两者之间的一种微妙关系。另外，此本中有三处录有"般剌密谛曰"，另有一段"紫阳道人曰"，这也是其他诸本中鲜见的。

易筋经序

　　后魏孝明帝太和年间，达摩大师自梁适魏，面壁于少林寺。一日，谓其徒众曰："盍各言尔所知，以识尔等之功行〔一〕。"众各陈其进修。师曰，某得吾皮，某得吾肉，某得吾骨，某得吾毛肤，唯慧可竟得吾髓〔二〕云云。后人漫解之，以为喻入道浅深云尔，盖不知实有所指，非漫语也。

　　迨九年功毕，脱化〔三〕，葬熊耳山，却乃携只履西归。去后，面壁处碑砌坏于风雨，少林僧重修之〔四〕，得一石函〔五〕，虽无封锁〔六〕，而千百计不能开。一僧慧可者悟曰："是必胶漆之固也。"溶蜡满注，遂解。众视，乃所藏秘经二帙，一名曰《洗髓》，一名曰《易筋》〔七〕。

　　惜其经字皆天竺国文，而少林诸僧岂能遍译哉！间有西僧〔八〕能译之者，亦十之一二，后无至人口授其秘。即所得少译之文〔九〕，将以为皮毛乎，为唾余〔一〇〕乎，孰罄会其微哉〔一一〕？寺僧或执己见，就其少译者演而习之，皆视作旁门，遂流于技艺，而为三昧〔一二〕之游戏，其了道之法门，亦岌岌乎亡已夫〔一三〕！此时，少林僧众仅以角技擅场，是得诸斯经之一班耳[一四]。然此经名曰《洗髓》，曰《易筋》，余思非无说也，盖其传有本[一五]焉。犹昔一客问东方生[一六]曰："先生有养生诀乎？"答曰："无他术，吾能三千一洗髓，三千一伐毛。吾已三洗髓、三伐毛矣[一七]。"客以东方生为滑稽之戏语也，孰知果有是事哉！想达摩大师必得自东方生之诀矣。即其问众僧曰"某得吾皮、某得吾肉、某得吾毛肤、某得吾髓"之说，盖不知实有所指，始知东方生非滑稽语也，而达摩非譬喻，亦非漫语也。彼时，师许[一八]慧可"得吾髓"，不意数十年后而可竟得其《洗髓》经文，本寺亦传之衣钵而去，可登正果[一九]，以了其道。其《洗髓》之秘，是以后世无传焉。惟《易筋》一经，虽留镇山门，以光师德，终为俗[二○]僧之武备，其西来心印法门[二一]，俱目之渺渺[二二]，若空言也。

　　后一游僧，悟道于少林。见少林僧不勇于为善，而勇于用力，各以斗狠为功课，遂叩其故。寺僧有表其由[二三]者，有出其经者。此僧超其绝识，乃悟曰："达摩大师壁其经文，欲人了道，岂止此雕虫末技而为游戏哉？此经虽不能尽译其奥，自当有译之者。"乃怀经远访，遍历川岳。一日，抵蜀，登峨嵋，得晤西竺圣僧般剌密谛，言及此经，并陈来意。圣僧曰："此佛祖妙印[二四]之先基也。然此经文义渊深，皆通凡达圣之事，非一时可以指陈详意。"乃止僧于山，教以进修法则。至百日而身凝固，再百日而身充周，更百日而身如金石。欲驯此僧入佛而登圣域，僧志果坚愿，不落尘世，乃随圣僧化行海岳，不知所之。

徐洪客[二五]游遇之海外，得其秘奥。客又授之虬髯公[二六]，髯[公]又授与余[二七]。余尝试之，辄有奇验，始信佛语真实不虚。惜乎未得《洗髓》之秘，不能游观佛境；又惜其立志不坚，亦不能如僧有不落尘世之念，乃仅成六花小技，而佐征伐之功，虽一时受知遇于圣天子而取公侯禄，然此心终为愧歉也！

谨序其由，俾知颠末。企望后之学者务期了道，切勿效区区作人间勋业事，庶不负达摩壁经之意，亦不负传经之苦心也。若曰神勇足以名世，则古之以力闻者多多矣，奚藉是哉？

唐贞观二年春三月朔日[二八]三原李靖药师甫序

【校释】

〔 一 〕以识尔等之功行，西谛本、述古堂本作"将以占乃诣"。

〔 二 〕竟得吾髓，西谛本等诸本均作"尔得吾髓"。

〔 三 〕脱化，西谛本、述古堂本作"示化"。脱化在道教中作尸解羽化讲，即飞升成仙，这里婉言指过世。

〔 四 〕重修之，西谛本、述古堂本、来章氏本作"修葺之"。

〔 五 〕石函，西谛本、述古堂本作"铁函"。

〔 六 〕"虽无封锁"后，西谛本、述古堂本、来章氏本有"有际会"三字。

〔 七 〕一名曰《洗髓》，一名曰《易筋》，西谛本、述古堂本、来章氏本作"一曰《洗髓经》，一曰《易筋经》"。

〔 八 〕西僧，泛指来自西域的僧人。

〔 九 〕少译之文，即指所翻译出的"十之一二"之文。

〔一〇〕唾余,唾液之余,比喻别人言论的余绪点滴。

〔一一〕孰罄会其微哉,孰,疑问代词,如何;罄,用尽、穷尽之义;微,奥秘。

〔一二〕三昧,原为佛教用语,意为"定""正定"等,即排除一切杂念,后称解脱束缚为三昧。三昧又有奥妙、诀窍之义,如唐李肇《国史补》曰:"长沙僧怀素好草书,自言得草圣三昧。"

〔一三〕岌岌,危险的样子。如《汉书·韦贤传》曰:"弥弥其失,岌岌其国。"

〔一四〕诸,相当于"之于"。如《列子·汤问》曰:"投诸勃海之尾。"班,同"斑",西谛本、述古堂本、来章氏本作"斑"。

〔一五〕本,原指草木的根或茎干,这里为"本源"之义。

〔一六〕东方生,当指汉武帝时的东方朔。东方朔(前154—前93),字曼倩,今山东陵县人。他曾任太中大夫,性格诙谐,言词敏捷,善辞赋,滑稽多智,《汉书·艺文志》杂家中有《东方朔》二十篇,今已佚。关于东方朔善养生,史料多有记载。如魏晋间假托其名的《海内十洲记》中记有汉武帝曾向他请教有关长生之事,东方朔曰:"臣,学仙者耳,非得道之人。有国家之盛美,将招儒墨于名教之内,抑绝俗之道于虚诡之迹。臣故韬隐逸而赴王庭,藏养生而sync朱阙矣。"所谓"十洲",即古代传说中仙人居住的十个岛屿,分别是:祖洲、瀛洲、玄洲、炎洲、长洲、元洲、流洲、生洲、凤麟洲、聚窟洲。

〔一七〕洗髓、伐毛,源出东汉郭宪的《东方朔传》,其曰:"吾却食吞气,已九千余年,目中童子,皆有青光,能见幽隐之物,三千年一返骨洗髓,二千年一剥皮伐毛,吾生来已三洗髓、五伐毛矣。"

〔一八〕许,认可、赞许。

〔一九〕正果,佛教称学佛而得证悟者,以别于外道,故名正果。

〔二〇〕俗,凡庸的,如王安石《兼并》:"俗儒不知变,兼并可无摧。"

〔二一〕心印法门,佛教禅宗所主张的不用语言文字而以心相证的修行
门径。禅宗修持主张不立文字,明心见性,以证悟成佛,称为
"心印",如《六祖大师法宝坛经·顿渐》曰:"师曰:'吾传佛心
印,安敢违于佛经?'"

〔二二〕渺渺,悠远貌,如《管子·内业》曰:"渺渺乎如穷无极。"

〔二三〕由,原因。如唐代雍陶的《非酒诗》有句云:"人人漫说酒消忧,
我道翻为引恨由。"

〔二四〕妙印,佛教用语,指甚深微妙之心印,即通过身与心的绝对感
受,而进入一种自在无碍之境界。

〔二五〕徐洪客,西谛本、述古堂本、来章氏本作"徐鸿客"。

〔二六〕虬髯公,西谛本、述古堂本、来章氏本作"虬髯客"。

〔二七〕髯又授与余,依上下文意,"髯"字后脱一"公"字。

〔二八〕朔日,西谛本、述古堂本、来章氏本作"三日"。

神勇序

余，武人也，少未深于文章[一]，好弄长枪大剑，盘马弯弓以为乐。值中原多故[二]，徽、钦北狩[三]，泥马渡河，江南多事。余因应少保岳元帅之募，署为裨将，屡上战功，遂为大将。

忆昔年，奉少保将令出征，后旋师还鄂。途间，忽见一游僧，状貌奇古，类阿罗汉相，手持一函入军营，嘱余致函少保。余叩其故，僧曰："将军知少保有神力乎？"余曰："不知也，但见吾少保能挽百钧[四]神弓耳。"僧曰："少保神力天赋之欤？"曰："然。"僧曰："非也，余授之耳。少保幼曾从学于余。神力功成，余嘱其相随入道，不从，而去作人间勋业事。名虽成，患将至。呜呼，天也，奈何哉？今将及矣！致此函，或能返省获免其厄[五]，亦未可知也。"余闻言，不胜悚异。叩姓氏，不答；叩所之，曰"西访达摩师"。余慑其神威，不敢挽留，竟飘然去。

少保得函，读未数行，竟泪下[六]，曰："吾师神僧也，不吾待，吾其休矣！"因从襟袋中出一册付余，且嘱曰："好掌此册,择人而授,勿使进道法门斩然而绝,有负神僧也!"不数月,少保果为奸相所构。余心伤少保冤愤莫伸,视功勋若尘土,固无复人间想矣。念少保之嘱不可[七]负,恨武人无巨眼,但不知斯世界谁具证道根行可传此册者[八]。因藏于嵩山之石壁中,听有道缘者自得之,以衍进道法门,庶免余妄传之咎,亦可以酬对少保于天上矣!

  宋绍兴十二年鄂镇大元帅麾下弘毅将军汤阴牛皋鹤九甫序

【校释】

〔 一 〕少未深于文章,西谛本、述古堂本、来章氏本作"目不识一字"。

〔 二 〕中原多故,西谛本、述古堂本、来章氏本作"中原沦丧"。

〔 三 〕徽、钦北狩,西谛本、述古堂本作"二帝北狩"。

〔 四 〕钧,古代的重量单位,三十斤为一钧。钧,西谛本等诸本均作"石"。石,亦为古代的重量单位,一百二十斤为一石。《汉书·律历志上》曰:"三十斤为钧,四钧为石。"

〔 五 〕或能返省获免其厄,西谛本、述古堂本、来章氏本作"或能返省获免"。

〔 六 〕读未数行,竟泪下,西谛本、述古堂本、来章氏本作"读未竟,泣数行下"。

〔 七 〕可,西谛本、述古堂本作"忍"。

〔 八 〕根行,佛教中又名根器。据近人丁福保的《佛学大辞典》解,"人之性譬诸木而曰根,根能堪物曰器",不同的修行者,其根器也各有所差异。 可传,西谛本、述古堂本、来章氏本作"堪传"。

海岱游人序

　　余少为书卷误矣，及衰暮[一]，与方人[二]游，每行吟海岱间[三]。一日，偶至长白山[四]，偕友提壶，藉[五]草而饮。远眺霜林，老叶红映溪光。正吟兴勃发，忽一羌人[六]自西而东，经此暂憩。余奇其修雅可观，乃止而饮焉。问所之，曰："胶崂访师之师也[七]。"又问："何长？"曰："神勇。"举座愕然。叩其效，曰："吾并指贯牛腹，侧掌折牛头，努拳劈牛脑[八]。不信，请试吾腹。"遂令壮仆以铁石器击之，若罔知也。又以绳击（系）[九]其睾丸，缀其车轮，压以巨石，曳轮而走若驰也。又出其双足跟，令三四壮者曳之，跂（屹）然难动[一〇]也。佥[一一]曰："天[一二]也？"曰："人[一三]也。"即叩其用，曰："永不生病一，饥寒不迫二，多男灵秀三，房战[一四]百胜四，泥水探珠[一五]五，御侮不惴六，功成不退七。然皆小用也，基之成佛了道，乃其至耳。"问所授，曰："吾师神僧，递[一六]有传授。"因出一册，阅之，乃识筋之可易，而积力生于积气也。酒已[一七]，羌人欲去，挽之不得，曰："观尔言，异于众，愿以此赠，吾不暇留[一八]也。"

余因念读书有日,终无所得,常陷拘墟[一九],凡事止论理之有无[二〇],又焉知庸近[二一]之中自有神奇也哉!今此书经卫公序,卫公非诞妄之徒,盖可知矣。夫上古称强有力者,殷王辛、荡舟奡而外[二二],代有其人,惟宣圣有神勇而不以力闻[二三]。凡此,岂皆天赋?谅亦出于人为。应必载之经籍,或遭秦火[二四]遗亡至云。基之作佛,此则西竺古先生之超越处,恐非吾辈所可几及者。噫!吾安得起卫公、武穆于九原[二五],共访神僧于世外也哉?愿秘篋笥[二六],以俟来者。

时中统元年[二七]秋九月海岱游人序

【校释】

〔 一 〕衰暮,喻指晚年,如唐韩愈《除官赴阙至江州寄鄂岳李大夫》诗曰:"少年乐新知,衰暮思故友。"

〔 二 〕方人,方外之人的简称。

〔 三 〕每,常常,如曹操《让县自明本志令》曰:"每用耿耿。"　行吟,漫步歌吟,如屈原《渔父》曰:"屈原既放,游于江潭,行吟泽畔。"　海岱,当指今山东省渤海至泰山间的区域。

〔 四 〕长白山,一是位于吉林省东南部地区,是图们江、鸭绿江、松花江的三江发源地,为中、朝两国的界山;二是位于山东邹城南,其最高处曰会仙峰,葛洪《抱朴子》中称其为"泰山之副岳"。结合《序》文之内容,其所记之"长白山",似应指后者。

〔 五 〕藉,衬垫之义。晋孙绰《游天台山赋》曰:"藉萋萋之纤草。"唐李善注曰:"以草荐地而坐曰藉。"

〔 六 〕羌人,古族名,又称西羌,多以游牧为主。该族早在战国、秦汉时已逐渐定居农耕,并与汉人杂处,宋以后逐渐分化并与周边各族融合,其分布范围越来越小。所以,文中所谓的"羌人",可能即指一般的西部少数民族而言。

〔七〕胶崂,指胶东崂山。崂山自古就有"神仙之宅,灵异之府"之称,相传秦始皇、汉武帝都曾来此求仙,为道教名山。

〔八〕并指贯牛腹,侧掌折牛头,努拳劈牛脑,见西谛本、述古堂本《内壮神勇》,其曰:"并其指,可贯牛腹;侧其掌,可断牛领;努其拳,可碎虎脑。"

〔九〕击,依上下文意,当为"系(繫)"字之误。

〔一〇〕圪,依上下文意,当为"屹"字之误。屹然难动,指像山峰一般高耸而稳固,不可动摇。

〔一一〕佥,《说文》曰"皆也"。

〔一二〕天,意谓"天生的"。

〔一三〕人,意谓"人力修炼的"。

〔一四〕房战,即男女房事。在古代文献中,男女房事往往被称为"战斗"。如有人借素女之口云:"御敌家当视敌如瓦石,自视如金玉,若其精动,当疾去其乡。"(参荷兰学者高罗佩著《中国古代房内考》第 154 页所引《医心方》,商务印书馆 2007 年版)

〔一五〕泥水探珠,意谓通过泥水丹法而修炼得丹。珠者,丹也,如宋代张伯端的《悟真篇》曰:"一粒灵丹吞入腹,始知我命不由天。"

〔一六〕递,原意指顺次,这里为"历辈"之义。

〔一七〕已,结束、完毕,如《荀子·劝学》曰:"学不可以已。"

〔一八〕暇留,空闲逗留。

〔一九〕拘墟,也作"拘虚",原指井底之蛙受所处空间的限制,只能看到一点天空,转喻形容狭隘短浅的见识。《庄子·秋水》曰:"井蛙不可语于海者,拘于虚也。"

〔二〇〕有无,原是魏晋玄学中的一个命题,如裴頠的《崇有论》即讨论了"有"与"无"的关系,认为万物本体是"有","无"也是"有"

的一种表现。

〔二一〕庸近,见识短浅之义,南朝任昉的《为齐明帝让宣城郡公第一表》:"虽自见之明,庸近所蔽。"

〔二二〕殷王辛,亦称帝辛,即商代最后一位君主纣,《史记·殷本纪》中记纣"材力过人,手格猛兽";荡舟奡,相传是夏代一力大无穷的人,为寒浞的儿子。《论语·宪问》曰:"羿善射,奡荡舟。"说奡能在陆地上撑船行舟,故谓"荡舟奡"。

〔二三〕宣圣,指孔子,因西汉平帝谥孔子为"褒成宣公",故此后历代称为"宣圣"。称孔子"有神勇而不以力闻",事见《列子·说符》,曰:"孔子之劲能拓国门之关,而不肯以力闻。"不过,所谓力拓国门之关似非孔子,而是其父亲叔梁纥,事见《左传·襄公十年》。

〔二四〕秦火,指公元前 213 年秦始皇采纳李斯建议下令烧书之事。《史记·秦始皇本纪》曰:"(李斯)请史官非秦记皆烧之;非博士官所职,天下敢有藏《诗》《书》、百家语者,悉诣守尉杂烧之。有敢偶语《诗》《书》者弃市,以古非今者族。吏见知不举者与同罪。令下三十日不烧,黥为城旦。所不去者,医药、卜筮、种树之书。"

〔二五〕安得,怎么才能求得,哪里能够得到之义。唐杜甫《茅屋为秋风所破歌》云:"安得广厦千万间,大庇天下寒士俱欢颜。" 卫公,即李靖,因被封为卫国公,故称李卫公。 武穆,即岳飞,因宋孝宗追谥其"武穆"而名。 九原,指九州,《国语·周语下》曰:"汩越九原。"

〔二六〕箧笥,盛物的箱与笼。宋人戴侗《六书故》曰:"今人不言箧笥,而言箱笼。浅者为箱,深者为笼。"

〔二七〕中统,元世祖忽必烈的年号,其"元年"为公元 1260 年。

易筋经

西竺般剌密谛译义

南洲海岱游人订正

总　论

　　译曰[一]：佛祖大意，谓登正果者初基有二：一曰清虚，一曰脱换[二]。能清虚，则无障；能脱换，则无碍。无障、无碍，始可入定、出定[三]。知乎此，则进道有基。所云清虚者，《洗髓》是也；脱换者，《易筋》是也。

　　其《洗髓》之说，谓人生感于情欲，则脏腑、肢骸悉为滓秽所染，必洗涤净尽，无一毫障蔽，方可入门。不由此径，则进道无基。所以《洗髓》者，欲清其内；《易筋》者，欲坚其外。果能内清虚而外坚固，登圣域在反掌[四]间耳，何患无成？所云《易筋》者，谓人身筋骨受由胎禀[五]。而受胎之始，筋有弛者，有弯者，有靡而弱者，有缩而挺者，种种不一，悉由胎禀。若内无清虚而有障，外无坚固而有碍，岂许入道哉？故入道莫先于易筋，以坚其体，壮外以助内也。否则，道何所期？

况易之为言亦大矣！夫易，阴阳之道也[六]，易即中华变易之道也。易之变化，在于阴阳；而阴阳变化，又存乎其人。摩祖[七]云："弄壶中之日月，抟掌上之阴阳[八]。"故二竖[九]系之在人，无不可易。所以为虚，为实者易之；为寒，为热者易之；为刚，为柔者易之；为静，为动者易之。高下者，易其升降；先后者，易其缓急；顺逆者，易其往来。危者，易之安；乱者，易之治；祸者，易之福；亡者，易之存。气数可以易之挽回，天地可以易之翻覆，何莫非易之为用？乃至人身筋骨，独不可以易乎哉？

然筋，人身之经纬也。骨节之外，肌肉之内，四肢百骸，无处非筋，即无处非膜，联络周身，通行血脉，而为精神之外辅。如肩之能负，手之能摄[一○]，足之能履，以及通身之活泼灵动，皆筋之挺然者也，岂可容其弛靡孪弱哉？而痿[一一]瘦痿疾懈者，又宁许其入道乎？佛祖以挽回斡旋[一二]之法，易挛者以舒，易弱者以强，易弛者以和，缩者以长，靡者以壮，即绵泥之身立成铁石，此一端也。故摩祖曰："阴阳在人掌握也。"而阴阳不得自为阴阳，人各成其阴阳[一三]，而人勿为阴阳所罗。以血肉之躯易为金石之体，内无障，外无碍，始可入得定去，出得定来。然此功夫非浅近也。而功夫有渐次，法有内外，气有运用，行有起止。至若

药物器制、令候〔一四〕岁年、饮食起居，始终各有征验。其入
斯门者，务先办信心，次立肯心，奋勇往坚，精进如法，行持
而不懈，无不立跻圣域矣。

　　般刺密谛曰：此就达摩大师本意，言《易筋》之大概，译
而成文，毫不敢加之意见而创造一语。后篇行功法则，俱就
原经译义。倘遇西竺高明，再请磨琢可也。

【校释】

〔　一　〕译曰，西谛本、述古堂本作"般刺密帝译曰"。

〔　二　〕脱换，西谛本、述古堂本作"勇往"。

〔　三　〕入定，佛教用语，谓入于禅定，使心定于一处，止息身、口、意之
　　　　　三业曰入定；出定，佛教用语，谓出禅定也，即由入定状态恢复
　　　　　平常状态。唐人秦系的《题僧明惠房》诗有句云："入定几时将
　　　　　出定，不知巢燕污袈裟。"

〔　四　〕反掌，比喻事情非常简单很容易完成，如汉人刘向《说苑·正
　　　　　谏》曰："必若所欲为，危如累卵，难于上天；变所欲为，易于反
　　　　　掌，安于太山。"

〔　五　〕胎禀，即由先天赋予的骨骼、体质及情性气质等。

〔　六　〕《易传·系辞传》曰："一阴一阳之谓道。"

〔　七　〕摩祖，指达摩，这在下文的《内壮论》中极为清晰。

〔　八　〕壶中之日月，原意为饮酒之间的岁月流逝，喻指一种悠闲清静
　　　　　的生活，如唐代李白的《下途归石门旧居》有句云："何当脱屣谢
　　　　　时去，壶中别有日月天。"但是，文中的"弄壶中之日月，抟掌上
　　　　　之阴阳"两句，具有明显的内功修炼含义，正如后文所云的"阴
　　　　　阳在人掌握也"，清楚反映了道教"我命在我"的思想理念。

〔　九　〕二竖，指病魔，语出《左传·成公十年》："公疾病，求医于秦。秦

伯使医缓为之。未至，公梦疾为二竖子，曰：'彼良医也，惧伤我，焉逃之？' 其一曰：'居肓之上，膏之下，若我何？'"

〔一〇〕摄，指拿、拉等义，如《晋书·谢安传》曰："看书既竟，便摄放床上。"

〔一一〕瘼，疾病。

〔一二〕斡旋，扭转之义，如宋代苏辙《栾城集·代三省祭司马丞相文》曰："一二卿士，代天斡旋。"

〔一三〕在中国哲学中，世界上的万事万物都可分成阴与阳两种属性，人也不例外。就性别而言，男为阳，女为阴；就身体而言，上为阳，下为阴；外为阳，内为阴；背为阳，腹为阴等等，故而《黄帝内经·素问》曰："阴平阳秘，精神乃治；阴阳离决，精气乃绝。"

〔一四〕令候，节令气候。来章氏本作"火候"。

膜　论

夫人之一身，内而脏腑，外而肢骸；内而精、气、神，外而筋、骨、肉，乃共成一体也。如脏腑之外，筋骨主之；筋骨之外，肌肉主之；肌肉之内，血脉主之。周身上下动摇活泼者，此又主之于气也。是故，修炼之功，全在培养气血为大要。即如天之生物，亦不过随阳气之所至而百物生焉，况乎人之生乎？又况于修炼乎？且夫精、气、神，无形物也；筋、骨、肉，有形身也，此法必先炼有形者为无形之佐，培无形者为有形之辅，是一而二，二而一者也。若专培无形而弃有形，则不可；若专炼有形而弃无形，则更不可。所以，有形之身必得无形之气，相倚而不相违，乃可成。设相违而不相倚〔一〕，则有形者亦为无形矣。

是故,炼筋必须炼膜,炼膜必先炼气。然炼筋易而炼膜难,炼气为尤难也。先从极难极乱处立定脚跟,后向不动不摇处认其真法,务培其元气[二],守其中气[三],保其正气[四],护其肾气[五],养其肝气[六],调其肺气[七],理其脾气[八],升其清气,降其浊气,避其邪恶不正之气,勿伤于气,勿逆于气,勿忧思悲怒损于气。使气清而平,平而和,和而畅达,能行于筋,串于膜,以至通身灵动,无处不行,无处不到。气至则膜起,气行则膜张,能起能张,则膜与筋齐坚齐固矣。

如炼筋不炼膜,而膜无所主;炼膜不炼筋,而筋无所依;炼筋炼膜而不炼气,则筋膜泥而不起;炼气不炼筋膜,则气委[九]不能宣达而流串于经络。气不能流串,则筋不坚固[一〇]。此所谓参互其用,错综其道也。俟炼至筋起之后,必宜倍加功力,务使周身膜皆腾起,与筋齐坚。外着与(于)[一一]皮,并坚于体,始为了当。否则筋坚无助,譬如植物无土培,岂曰全功也哉?

般剌密谛曰:此篇言易筋以炼膜为先,炼膜以炼气为主。然此膜,人多不识,盖非膜脂(脂膜)[一二],乃筋膜也。脂膜在腔内,筋膜在骨外。筋则联络肢骸,膜则包骨。筋与膜较,膜较筋软;肉与膜较,膜劲于肉。膜居肉之内,骨之外,包骨衬肉之物也,其状若此。行此功者,必俟气串于膜间,护其骨,壮其筋,合为一体,乃曰全功。

【校释】

〔一〕倚,依赖,如唐人李白的《扶风豪士歌》有句云:"作人不倚将军势。"

〔二〕元气,中医用语,是人体中最重要、最基本的气,被视为人体生命活动的原动力。元气来源于先天,又有赖于后天的调养。

〔三〕中气,中医用语,泛指人体脾胃等脏腑对饮食的消化传输、升清降浊等生理功能,故又称"脾胃"之气。

〔四〕正气,中医用语,人体中与邪气相对之气。如《黄帝内经·素问》曰:"正气年存,邪不可干。"

〔五〕肾气,中医用语,为肾精化生之气,对人体各脏腑、组织器官的生理活动具有温煦和推动作用,另外,人的生长、发育和衰老,均与肾气的盛衰密切相关。

〔六〕肝气,中医用语,在人体生理上具有升法、疏泄之功能。若人体肝气郁结,则往往出现时常叹息及心情抑郁等症状。

〔七〕肺气,中医用语,在人体生理上具有宣发、肃降之功能,其宣发与肃降也是肺气相反相成的两个方面。若肺气虚损,则往往出现咳嗽乏力、气短喘息等症状。

〔八〕脾气,中医用语,指脾的功能及其赖以产生的精微物质或动力。如《黄帝内经·素问》曰:"是故味过于酸,肝气以津,脾气乃绝。"若脾气亏虚,则往往出现饮食劳倦、升举无力等症状。

〔九〕委,通"萎",即萎缩、委顿之义。

〔一〇〕气应"行于筋,串于膜",而不当流串于经络,故后文又曰"行此功者,必俟气串于膜间,护其骨,壮其筋"。

〔一一〕与,当为"于"字之误,西谛本、述古堂本作"于"。

〔一二〕膜脂,依上下文意,当为"脂膜"之误,来章氏本作"脂膜"。

内壮论

内与外对，衰与壮对。壮与衰较，壮可久也；内与外较，外可后也。盖内壮言坚，外壮言勇。坚而能勇，勇是真坚也。勇勇坚坚，乃成万物（劫）〔一〕不化之身，方是金刚之体。

凡炼内壮，其则有三。

一曰守此中道。守中者，专于积气也。积气者，专于眼、耳、鼻、舌、身、意也。其下手之妙，要于用揉。揉之之法详后。凡揉之时，解襟之时，手掌着处，心下胸腹之间，即曰"中"。惟此"中"，乃存气之地，应须守之。守之之法，在含其眼光，凝其耳韵，匀其鼻息，缄其舌气，逸其身劳〔二〕，锁其意驰〔三〕，四肢不乱，一念冥心。先存想其中道，后绝其诸妄，渐至如如不动，是名曰"守"，是云合式。盖揉在于是，而守在于是，则一身之精、气与神俱注于是，久久积成坚凝一片矣。设或杂念纷纭，驰想世务，神气随之而不凝，乃虚其揉矣，何益之有？

二曰万勿他及〔四〕。人身之中，精神、血气不能自主，悉行于意，意行则行，意止则止。守中之时，意随掌下，是为合式。若或持意于各肢〔五〕，其所凝积精、气与神随散于各肢，即成外壮，而非内壮矣。揉而不积，又虚其揉矣，有何益哉？

三曰待其充周。凡揉与守，所以积气。气既积矣，精神、血气悉守而不驰。揉之且久，气惟中蕴而不旁溢。气积而力自积，气充满而力自周遍，此即《孟子》所云"浩然之气"也。

设充周未得,意或外驰散于四肢,则不惟外壮不全,内亦无益矣。

般剌密谛曰:人之初生,本来原善[六]。若为情欲杂念分去,则本来面目一切抹倒。又若为眼、耳、鼻、舌、身、意分损灵犀[七],蔽其慧性,而不能悟道[八]。所以,达摩大师面壁九年者,是不纵耳目之欲也。耳目不为欲纵,猿马[九]自被其锁缚矣。故达摩得斯真法,始能只履归西而登正果也。此篇乃摩祖心印真基,法在"守中"一句,用在"含其眼光"七句。若能如法行之,则虽愚必明,虽柔必强,极乐世界[一〇]可立而登矣!

紫阳道人曰:余读《易筋经》,为之三复其义。见其中之德性功业一以贯之,未尝不掩卷而叹曰:"大哉,斯经之所蕴乎真仙、佛两事之宝筏[一一]也!"然古今之求道者甚众,而入于道者累世不一见,非道之不可仰企[一二]也,是由渡水而不知津[一三],登山而不知径,欲以臻[一四]彼岸,跻绝顶也,难矣!故佛家以智慧为入门,即老氏亦曰"知止则泰定"[一五]。总之言,欲奏其效,必先洞明其行功之法也。使不明其法,则于行功之条目、次第[一六]茫然莫辨。如功之宜行于前者,或昧昧焉行之于后;功之宜施于后者,或贸贸焉施之于前矣。夫后焉而前,则有躐等[一七]之敝;前焉而后,则有舍本之虞。譬夫之越[一八]而北其辕,愈行而愈远矣。又何怪夫入道者之难,而累世不获哉!

是经于天时之寒暑,必参而稽其候;于日月之盈虚,必察而著其光。虑夫器之长短、广狭、轻重、尖圆,难中节[一九]也,必为之定其规制;虑夫材有高下,用有利弊,恐取之者失其美也,必为之精其选豫[二○]。又虑夫药之等分有定数,洗炼有定法,恐人失其制,未必调且匀也,其所以列方而示之,以准则者纤毫。更有所必至于周身之上下、内外、前后、左右,其间之皮膜、筋骨、血气、筋络之类,则又有难喻而鲜不紊其条理者,更无不有以尽悉其功力之浅深、次第,使人开卷一览,较若列眉[二一],了如指掌。循其序而求之,可以平步圣域而绰绰然有余裕焉。

由是而气盈力健,骨劲膜坚,以文武圣神之奇男子,作掀天揭地之大事业,可唾手而得之。非所云性功德业,一以贯之者乎?继此功愈醇[二二]而效愈进,则入水不濡,入火不爇[二三],天不能为之灾,地不能为之害,寒暑不能为之贼,可以命自我立,同天无极[二四]矣。古所谓赤须白髭、圆觉大雄[二五],与夫餐霞饮露,御风而行[二六],逐气而飞,逍遥乎云霄之上,陶然而无不自得者[二七],微斯人,吾谁与归哉?始悟师言"基此作佛成仙了道"之语为不诬[二八]。后之君子,诚不以余言为谬,于是[二九]经真信而笃好之。有以服其全功,收其全效,斯[三○]不负圣圣相传引人入道之意,余更不能无厚幸[三一]焉耳。

【校释】

〔 一 〕万物,来章氏本作"万劫",当是。佛经称世界从生成到毁灭的过程为一劫,万劫,形容时间极长。

〔 二 〕逸其身劳,使疲惫的身体放松、安逸。

〔 三 〕意驰,即下文提及的"杂念纷纭,驰想世务"。

〔 四 〕万勿他及,西谛本、述古堂本作"万勿及他",来章氏本作"勿他
想"。

〔 五 〕"各肢"后,西谛本、述古堂本有"体"字。

〔 六 〕《孟子·告子上》曰:"人性之善也,犹水之就下也。人无有不
善,水无有不下。"《三字经》亦曰:"人之初,性本善。"

〔 七 〕灵犀,古代传说犀牛角有白纹,感应灵敏,所以称犀牛角为"灵
犀",后被人们用来指心心相映、默契相通之义,如唐代李商隐
《无题》诗有句云"身无彩凤双飞翼,心有灵犀一点通"。

〔 八 〕而不能悟道,来章氏本作"以致不能悟道"。

〔 九 〕猿马,即心猿意马,喻指心意好像猴子跳、马奔跑一样。

〔一〇〕极乐世界,佛教术语,指佛教徒所信仰的相对于世俗众生所
居"秽土"而言的理想世界。如《阿弥陀经》曰:"从是西方,过
十万亿佛土,有世界名曰'极乐'……其国众生,无有众苦,但
受诸乐,故名极乐。"

〔一一〕筏,竹或木编成的渡水工具。文中的"宝筏",喻指作佛成仙的
重要方法、路径。

〔一二〕仰企,仰慕企望。

〔一三〕津,渡口,东汉许慎的《说文解字》曰:"津,水渡也。"

〔一四〕臻,来到,许慎的《说文解字》曰:"臻,至也。"

〔一五〕知止则泰定,文中称老氏(子)所说,查《老子》一书并无此语,
似出《大学》,其曰:"知止而后有定,定而后能静。"

〔一六〕次第,次序。如《战国策·韩一》曰:"子尝教寡人,循功劳,视
次第。"

〔一七〕躐等,谓不循次序之义,如《礼记·学记》曰:"幼者听而弗问,

学不躐等也。"

〔一八〕越，古国名，其区域大致为浙江北部、江苏南部和江西东部。

〔一九〕中节，符合规则、要求，如《中庸》曰："喜怒哀乐之未发，谓之中；
发而皆中节，谓之和。"

〔二〇〕覈，考事得实曰覈，如张衡的《东京赋》曰："温故知新，研覈是
非。"

〔二一〕列眉，两眉对列，谓真切无疑，如《战国策·燕二》曰："吾必不
听众口与谗言，吾信汝也，犹列眉也。"鲍彪注："列眉，言无可
疑。"

〔二二〕醇，指纯粹无杂，如《汉书·食货志》曰："自天子不能具醇驷。"

〔二三〕爇，东汉许慎的《说文解字》曰："爇，烧也。"

〔二四〕极，尽头、极点。文中的"同天无极"，意谓其生命可以与天同寿
而无疆。

〔二五〕圆觉，佛教用语，又名"无上觉"，据近人丁福保的《佛学大辞典》
解："圆觉者，圆满之灵觉也。"　　大雄，佛教用语，据近人丁福
保的《佛学大辞典》解："佛有大力，能伏四魔，故名'大雄'。"

〔二六〕餐霞饮露，语出《庄子·逍遥游》，其曰："藐姑射之山，有神人
居焉，肌肤若冰雪，绰约若处子。不食五谷，吸风饮露，乘云
气，御飞龙，而游乎四海之外。""餐霞饮露"后也往往用来指
超尘脱俗的仙家生活。　　御风而行，亦出《庄子·逍遥游》，
其称"列子御风而行，泠然善也"，清人郭庆藩的《庄子集释》
疏曰列子"得风仙之道，乘风游行，泠然轻举，所以称善也"。

〔二七〕云霓，也作"云蜺"，指云和虹。如《汉书·扬雄传》曰："乘云蜺
之旖柅（旎）兮，望昆仑以樛流。"颜师古注："樛流，犹周流也。"
自得，自有所得，如《孟子·离娄》曰："君子深造之以道，欲其
自得之也。"

〔二八〕诬,欺骗,言语不真实。如《韩非子·显学》曰:"非愚则诬也。"

〔二九〕是,指示代词,这、这个。

〔三〇〕斯,那么、就,表示承接上文而得出结论。如《淮南子·本经训》曰:"人之性,心有忧丧则悲,悲则哀,哀斯愤,愤斯怒,怒斯动,动则手足不静。"

〔三一〕厚幸,大幸。如三国曹植的《求自试表》曰:"今臣蒙国重恩,三世于今矣。正值陛下升平之际,沐浴圣泽,潜润德教,可谓厚幸矣!"

揉 法

夫揉之为用,意在磨砺其筋骨也。磨砺者,即揉之谓也。大约其法有三段。

一曰揉有节候。如春初起功〔一〕,行功时,恐春寒难以裸体,抵(只)〔二〕可解襟。须行于二月中旬,取天道渐和,方能现身。下功风日渐暖,乃能通便,任意行也。

二曰揉有定式。人之一身,右气左血。凡揉之法,宜从身右推向于左,是取推气入于血分,合其通融。又取胃居于右,揉令胃宽,能多纳气。又取揉者右掌有力,用而不劳。

三曰揉宜轻浅。凡揉之法,虽曰人功,亦法天意〔三〕。天地生物,渐次不骤,气至自生,候至物成,揉者法之。但取推荡,徐徐往来,勿重勿深,久久自得,是为合式。设令太重,必伤皮肤,则生斑〔四〕痱;深则伤于肌肉、筋膜,恐生热肿〔五〕,不可不慎也。

【校释】

〔一〕春初起功，西谛本、述古堂本、来章氏本作"春月起功"。

〔二〕抵，当为"只（祇）"字之误，来章氏本作"只"。

〔三〕亦法天意，西谛本、述古堂本、来章氏本作"宜法天义"。

〔四〕斑，西谛本、述古堂本、来章氏本作"瘢"，斑、瘢通。

〔五〕热肿，西谛本、述古堂本作"肿热"。宋代编撰的《圣济总录》卷一三五曰："诸病肿，皆属于火，故热胜则肿。"

采精华法〔一〕

太阳之精，太阴之华，二气交融，是生万物。古人知而善咽者，久皆仙去，其法秘密，世莫知之〔二〕。既无坚志，且无恒心，是谓虚负居诸，故成之少也〔三〕。凡行内炼者，自初功始，至于功成，不可间断，以至于终身，勿论闲忙，勿及外事。若采咽之功无间断，则仙道不难于成。其所以采咽者，盖取阴阳精华益我神智，愚滞渐消〔四〕，清灵日长，万物（病）〔五〕不生，良有大益！

采咽之法，日取于朔，谓与月初交，其气新也；月取于望，谓金水盈满，其气旺也。设朔、望日值有阴雨，或值不暇，则取初二、初三、十六、十七〔六〕，过此六日，虚而不取可也。取日于朔，宜寅卯时登高默对〔七〕，调匀鼻息，细吸光华，令满一口，闭息凝神，细细咽下，以意送之至于中宫，是为一咽。如此七咽，静守片时，然后起行，任从酬应。望取月华，亦准前法，于戌亥时采吞七咽，此乃天地自然之利。惟有恒者,乃能享用之;亦唯有信心者[八],乃能取行之。为此法中之一大部功,切勿忽之也[九]!

【校释】

〔一〕采精华法,西谛本、述古堂本作"日精月华"。

〔二〕世莫知之,西谛本、述古堂本作"世人莫知也"。

〔三〕故成之少也,来章氏本作"而成之者少也"。

〔四〕愚滞渐消,西谛本、述古堂本作"愚昧渐消",来章氏本作"俾凝滞渐消"。

〔五〕物,西谛本等诸本均作"病",当是。

〔六〕则取初二、初三、十六、十七,西谛本、述古堂本作"则初二三、十六七",来章氏本此后另有"犹可凝神补取"六字。

〔七〕宜寅卯时登高默对,西谛本、述古堂本作"宜初出时登高默对",来章氏本作"宜寅卯时高处默对"。寅卯,中国古代十二时辰记时法,相当于现在的凌晨3点至7点。

〔八〕亦唯有信心者,西谛本、述古堂本、来章氏本作"亦惟有信心"。

〔九〕为此法中之一大部功,切勿忽之也,来章氏本作"此为法中之一部大功,切勿忽误也"。

服药法

炼壮之功,外资于揉,内资于药。行功之际,先服一丸,纳(约)[一]药将化,即便行揉。揉与药力两相迎凑,乃为得法;过犹[二]不及,皆无益也。行功三日,服药一次,照此为常【或服二次,更见奇功】。

野蒺莉[三]【去刺炒】,白茯苓,白芍药【火煨】,熟地黄【酒制】,

炙甘草,朱砂【各十两】^{〔四〕};人参,白术【土炒】,当归【酒浸】,川芎【各二两】^{〔五〕}。以上共六十八两,合为细末,炼蜜为丸,重一钱。每服一丸,汤酒任下【一云多品合丸,其力不专,另立三方,随人禀气通用】^{〔六〕}。

一方:蒺莉^{〔七〕},炒去刺,炼蜜为丸,每服一钱或二钱^{〔八〕}。

一方:朱砂^{〔九〕},每服三钱^{〔一〇〕},蜜水调下。

一方:白茯苓,去皮为末,蜜丸或蜜水调下;或作块浸蜜中,愈久愈佳,约服一钱。

【校释】

〔一〕纳,当为“约”字之误,西谛本、述古堂本、来章氏本作“约”。

〔二〕犹,西谛本、述古堂本作“与”。

〔三〕“野蒺莉”以下诸药方,西谛本等诸本另立一则,西谛本、述古堂本名为《内壮丸药方》,武术院本名为《内壮方》,来章氏本名为《内壮药》。

〔四〕各十两,西谛本、述古堂本作“以上各十分”,来章氏本作“各五两”。

〔五〕各二两,西谛本、述古堂本作“以上各二分”,来章氏本作“各一两”。

〔六〕随人禀气通用,西谛本、述古堂本作“只取一品,任用可也”。禀气,天赋的气性。汉王充《论衡·气寿》:“人之禀气,或充实而坚强,或虚劣而软弱。”

〔七〕蒺莉,西谛本、述古堂本作“野蒺藜”,来章氏本作“蒺藜”。

〔八〕每服一钱或二钱,西谛本作“每丸一钱,每二钱服之”,述古堂本作“一钱或二钱服之”。

〔九〕“朱砂”之后,西谛本、述古堂本、来章氏本有“水飞过”三字。

〔一〇〕三钱，西谛本、述古堂本、来章氏本作"三分"。

烫洗药水方

行功之时，频宜烫洗。盖取盐能软坚，功力易入，凉能散火，不致聚热。一日一洗，或两日一洗，以此为常，功成则止〔一〕【食盐〔二〕各量，入煎水乘热烫洗，则血气融和疏畅】。

【校释】

〔一〕功成则止，西谛本、述古堂本作"功成乃已"。

〔二〕"食盐"之前，西谛本、述古堂本、来章氏本有"地骨皮"三字。

初月行功法

初揉之时，拣择童子数人，更递揉之。取其力小，推揉不重〔一〕，更取其少年血气旺盛。未揉之先，服药一丸，约药将化，即行揉法〔二〕。揉与药力一齐运行，乃得其妙。揉时，当解襟〔三〕仰卧，心下脐上，适当其中。按以一掌，自右向左，徐徐往来，匀匀推荡，勿离皮，勿乱掌，勿游动〔四〕，是为合式。

当揉之时，冥心内观，守中存想，勿忘勿助，意不外驰，即精神、气息皆附注〔五〕一掌之下，乃为如法〔六〕。若守中纯熟，揉推匀静，正揉之际，竟能熟睡，更为〔七〕得法，胜如醒守也。如此行持，约略一时，时不能定，则以大香二炷为则。寅、午、戌共行三次〔八〕，日以为常。如少年火盛，只宜早、晚二次，恐其太骤，或致他虞。行功既毕，静睡片时，清醒而起，不误应酬。

【校释】

〔一〕推揉不重，西谛本、述古堂本作"揉推不重"。

〔二〕即行揉法，西谛本、述古堂本作"即揉起"。

〔三〕解襟，西谛本、述古堂本作"解衣"。

〔四〕勿离皮，勿乱掌，勿游动，西谛本、述古堂本作"掌勿离皮，亦勿游动"，来章氏本作"勿轻而离皮，勿重而着骨，勿乱动游击"。

〔五〕精神、气息皆附注，西谛本、述古堂本作"精、气、神悉皆附注"，来章氏本作"精、气、神皆附注"。

〔六〕乃为如法，西谛本、述古堂本作"是为真正火候"，来章氏本作"是为如法火候"。

〔七〕更为，西谛本、述古堂本作"是为"。

〔八〕寅、午、戌共行三次，西谛本作"早、晚与午共行三次"，述古堂本作"早、午与晚共行三次"，来章氏本作"早、午、晚共行三次"。寅、午、戌乃古代的十二时辰名称，寅为凌晨的 3 时至 5 时，午为中午的 11 时至 1 时，戌为下午的 7 时至 9 时。

二月行功法

初功一月，气已凝聚，胃觉宽大，其中腹两旁，筋皆腾起，各宽寸余。用气努之，硬如木石〔一〕，是其验也。两肋之间，自心至脐，软而有陷，此则是膜较深于筋，掌握不到，不能腾也〔二〕。至于此时，于前所揉一掌之旁，各开一掌，仍如前法，徐徐揉之。其中软处，用木杵深深捣之，则膜浮起于皮〔三〕，与筋齐坚，全无软陷，始为全功。此揉此捣亦准二炷香〔四〕，日行三次，以为常则。

【校释】

〔 一 〕硬如木石,西谛本、述古堂本作"硬如木片"。

〔 二 〕掌握不到,不能腾也,西谛本、述古堂本作"掌揉不能腾也",来
　　　　章氏本作"掌揉不到,不能腾起也"。

〔 三 〕则膜浮起于皮,西谛本、述古堂本作"久则膜起,浮至于皮",来
　　　　章氏本作"久则膜皆腾起,浮至于皮"。

〔 四 〕此揉此捣亦准二炷香,西谛本、述古堂本作"此揉捣亦准二香",
　　　　来章氏本作"此揉捣之功亦准二香"。

三月行功法

　　功满两月,其间陷处至此略起,乃用木杵轻轻打之。两旁所揉各一掌处,却用木槌〔一〕如法捣之。又于其旁至两肋梢,各开其掌〔二〕,如法揉之。准以二炷香为则〔三〕,日日以早、午、晚三次〔四〕。

【校释】

〔 一 〕木槌,西谛本作"木杵"。

〔 二 〕各开其掌,西谛本等诸本均作"各开一掌"。

〔 三 〕准以二炷香为则,西谛本、述古堂本作"准以二香",来章氏本作
　　　　"准以二香为则"。

〔 四 〕日日以早、午、晚三次,西谛本等诸本均作"日行三次"。

四月行功法

　　功满三月,其中三掌,皆用槌打;其外二掌,先捣后打。日行三次,功逾百日,则气满筋坚,膜亦腾起,是为有验。

行功轻重 [一]

初行功 [二]，以轻为主，必以童子 [三]，其力平也。一月以后，其气渐坚，须有力者渐渐加重，乃为合宜。切勿太重，或致动火；切勿游移，或致伤皮，慎之！慎之！

【校释】

〔 一 〕原抄本此处未分行，按其体例，应分之。

〔 二 〕初行功，西谛本、述古堂本、来章氏本作"初行功时"。

〔 三 〕必以童子，西谛本、述古堂本作"必宜童子"，来章氏本作"必须童子"。

用功浅深 [一]

初用功揉 [二]，取其浅也。渐次 [三] 加力，是因气坚而增重 [四]，仍是浅也。次工（功） [五] 用捣，取其深也。次之又用打 [六]。打外属浅，震 [七] 内属深，内外皆坚，方为有得。

【校释】

〔 一 〕原抄本此处未分行，按其体例，应分之。

〔 二 〕初用功揉，西谛本等诸本均作"初功用揉"。

〔 三 〕渐次，西谛本等诸本均作"次渐"。

〔 四 〕是因气坚而增重，西谛本、述古堂本作"是因气坚而增"，来章氏本作"是因气坚，稍为增重"。

〔 五 〕次工，西谛本等诸本均作"次功"，当是。

〔 六 〕次之又用打，西谛本、述古堂本作"以次三用打"，来章氏本作"再次用打"。

〔七〕震,西谛本、述古堂本作"振",震、振通。

两肋内外功夫〔一〕

功逾百日,气已盈满。譬之涧水泊(拍)岸〔二〕,浮堤稍加决导,则奔放他之,无处不到,无复〔三〕在涧矣。当此之时,切勿用意引入四肢;所揉之外,切勿轻用槌、杵捣打。略有引导,则入四肢,即成外勇,不复归来行于骨内〔四〕,不成内壮矣。

入内之法,乃盛石袋〔五〕,自从心口至两肋梢骨肉之间密密捣之,兼用揉法,兼用打法〔六〕。如是久久,则其蓄积盈满之气循之入骨。有路则不外溢〔七〕,始成内壮。内、外两岐于此分界,极当辨审〔八〕,[不令]〔九〕中间少有夹杂。若轻用引弓努〔一〇〕拳打等势,即趋于外,不入于内矣〔一一〕。

【校释】

〔一〕两肋内外功夫,西谛本、述古堂本作"两肋分内外功夫"。原抄本此处未分行,按其体例,应分之。

〔二〕泊岸,西谛本、述古堂本作"拍岸",当是。

〔三〕无复,西谛本、述古堂本作"不复"。

〔四〕骨内,西谛本、述古堂本作"骨里"。

〔五〕乃盛石袋,西谛本、述古堂本作"乃用石袋",来章氏本作"为一石袋"。

〔六〕兼用打法,西谛本、述古堂本作"并用打法",来章氏本作"更用打法"。

〔七〕有路则不外溢,西谛本、述古堂本作"入骨有路,则不外溢",来章氏本作"有此则不外溢"。

〔 八 〕极当辨审,西谛本、述古堂本作"极宜审辨"。

〔 九 〕"中间少有夹杂"前,西谛本、述古堂本有"不令"二字,当是。

〔一〇〕努,西谛本、述古堂本作"弩",来章氏本作"挐"。

〔一一〕即趋于外,不入于内矣,西谛本、述古堂本作"则开其路,导令旁溢,纵加多功,亦不入内",来章氏本作"则气趋行于外,永不能复入内矣"。

木杵木槌式〔一〕

降真香为最〔二〕,文楠、紫檀次之。杵长六寸,中径半寸〔三〕,头圆尾尖,即为合式。槌长一尺,围圆四寸,把细顶粗,其粗之中处略高少许,其高处着肉〔四〕,两头尚有闲空,是为合式。

【校释】

〔 一 〕原抄本此处未分行,按其体例,应分之。

〔 二 〕"降真香为最"前,西谛本、述古堂本有"木杵、木槌皆以坚木为主"十字,来章氏本作"木杵、木槌皆用坚木为之"。

〔 三 〕中径半寸,西谛本、述古堂本作"中径寸半"。

〔 四 〕其高处着肉,西谛本、述古堂本作"取其高处着肉"。

石杵石袋式〔一〕

木杵、木槌用于内(肉)处〔二〕,骨缝之间悉宜石袋、石杵〔三〕。[石]〔四〕取圆净,全无棱角,大如葡萄,小如榴子,生于水中者,乃堪入选。山中者燥,能动火[五];土中者气郁不畅[六],皆不选也。袋用细布,缝作圆头[七],如木杵形。长约八寸,其次六寸,其次三五寸。用石半斤,中者一斤,大者念两[八],分置袋中,以指挑之扑打。久久行之,骨缝筋膜皆壮也[九]。

【校释】

〔一〕石杵石袋式,西谛本、述古堂本作"石袋式",来章氏本作"石袋说"。原抄本此处未分行,按其体例,应分之。

〔二〕内处,西谛本、述古堂本、来章氏本作"肉处",当是。

〔三〕悉宜石袋、石杵,来章氏本作"悉宜石袋打之"。

〔四〕取圆净,"取"前疑脱一"石"字,西谛本、述古堂本作"石取圆净",当是,来章氏本作"取石头要圆净"。

〔五〕能动火,西谛本、述古堂本作"能生火",来章氏本作"燥则火,易动"。

〔六〕土中者气郁不畅,西谛本、述古堂本作"土中者郁,气不宣畅",来章氏本作"土中者郁,郁则气不畅"。

〔七〕圆头,西谛本、述古堂本作"圆筒"。

〔八〕中者一斤,大者念两,西谛本、述古堂本作"其大一斤,其最二十两",来章氏本作"大者石用一斤,其次十二两"。念,"廿"的大写,在江、浙、沪一带的南方语中,一般将"二十"说成"念"。

〔九〕骨缝筋膜皆壮也,西谛本、述古堂本作"骨缝之膜,皆坚壮也",来章氏本作"骨缝之间,膜皆坚壮也"。

五六七八月行功法

功逾百日,心下两旁两胁之梢,已用石袋打,而且揉。

此处乃骨肉之交〔一〕，内壮、外壮于此分界。既于此时不向外引，则其积气向骨缝中行矣。气循打处，逐路而行，则自心口打至于颈，又自胁梢打至于肩，周而复始，不可倒行。日行三次，共则六香〔二〕，勿得间断。如此百日，则气充周，盈满前怀，充足任脉矣〔三〕。

【校释】

〔一〕骨肉之交，西谛本、述古堂本作"皮骨之交"，来章氏本作"骨缝之交。"

〔二〕共则六香，西谛本、述古堂本、来章氏本作"共准六香"。

〔三〕则气充周，盈满前怀，充足任脉矣，西谛本、述古堂本作"则气满前怀，任脉充盈矣"，来章氏本作"则气满前怀，任脉充盈，功将半矣"。

九十十一十二月行功法

功至二百日，前怀气满，任脉充盈，则宜速入脊后〔一〕，以充督脉。从前之气，已上肩头。今自肩头照前打法〔二〕，兼用揉法。上循玉枕，中至夹脊，下至尾闾，处处打之，周而复始，不可倒行。脊旁软处，以掌揉之，或用槌、杵随便打捣。日准六香，共行三次。或上或下，或左或右，揉打周遍。如此百日，气满脊后，能无百病，督脉充满。凡打一次，用手遍搓，令其匀润。

【校释】

〔一〕速入脊后，西谛本、述古堂本作"连入脊后"，来章氏本作"运入脊后"。

〔二〕今自肩头照前打法,西谛本、来章氏本作"今则自肩至颈,照前
　　　打法",述古堂本作"今则自肩到颈,照前打法"。

配合阴阳说〔一〕

　　天地,一大阴阳也〔二〕,阴阳相交,而后生万物;人身,一
小阴阳也〔三〕,阴阳相交,而后能无百病。此亦阴阳互用之
妙。夫血气交融,自然无病,无病则壮,其理分明。

　　故行此功,亦借阴阳交互之义以为外助〔四〕,盗天地万物
之元机也。凡行此功,始言却病〔五〕。凡属阳衰者,多犯痿弱
虚惫之疾,宜用童女或少妇依法揉之。盖女子外阴而内阳
也,借取其阳以扶衰〔六〕,是为至理。若阳盛阴衰,则多犯火
病〔七〕,宜用童子、少男。盖以外阳内阴,借其阴以制其阳〔八〕,
亦是元机。至于无病人行此功者,则从其便。若以童男女相
间揉之〔九〕,令其阴阳各畅,真元机微妙之功也〔一〇〕。

【校释】

〔一〕配合阴阳说,西谛本、述古堂本作"阴阳配合论",来章氏本作
　　　"配合阴阳法"。

〔二〕一大阴阳也,西谛本、述古堂本作"一阴阳也"。

〔三〕一小阴阳也,西谛本、述古堂本作"一阴阳也"。

〔四〕亦借阴阳交互之义以为外助,述古堂本作"亦借阴阳交互之义,
　　　是亦外助"。

〔五〕始言却病,西谛本、述古堂本作"始自却病",来章氏本作"如此
　　　却病"。

〔六〕借取其阳以扶衰,西谛本、述古堂本作"借取其阳,以助其衰",

来章氏本作"借取其阳,以助我之衰"。

〔七〕多犯火病,西谛本、述古堂本作"多患火症",来章氏本作"多患火病"。

〔八〕借其阴以制其阳,西谛本、述古堂本作"借其阴以制其盛",来章氏本作"借取其阴,以制我之阳盛"。

〔九〕若以童男女相间揉之,西谛本、述古堂本作"若用童男、童女相间行功",来章氏本作"若用童男、少女相间揉之"。

〔一〇〕真元机微妙之功也,西谛本、述古堂本作"更属妙事也",来章氏本作"行之更妙"。文中的"元机"亦即"玄机"。

下部行功法

积气三百余日,前后任、督之脉悉皆充满,乃行下部工夫,令其通贯。盖任、督二脉在母胎时,原自相通;出胎以后,饮食出入,隔其前后通行之道。督脉自上龈循顶行脊,至尾闾;任脉自承浆循胸行腹,下至会阴,而不相贯〔一〕。合(今)〔二〕行下部之功,则气自至,可按(接)而交施(旋)矣〔三〕。

其功夫在于两处〔四〕,其目有十一段。两处者,一在睾丸,一在玉茎。在睾丸者,曰掼(攒)〔五〕,曰挣,曰搓,曰拍;在玉茎者,曰咽,曰摔,曰握,曰揉〔六〕,曰洗,曰束,曰养。以上十一字,除咽、洗、束、养外,余七字用手行功。皆自轻至重,自松至紧,自勉至安,周而复始,不记(计)〔七〕遍数。日以六香,分行三次,百日成功,则气充盈,超超(越)万物矣〔八〕。

凡掼(攒)、挣、拍、摔、握、搓、揉七字〔九〕,皆手行之,渐次轻重。若咽[一〇]，则初行之始，先吸清气一口，以意咽之，默送至胸；再吸一口，送至脐间；又吸一口，送至下部行功处，然后乃行掼（攒）、挣、拍、摔、握、搓、揉等字功[一一]。皆用努气至顶，乃为得力，日以为常。洗者，以药水逐日烫洗[一二]。其法有二义：一取通畅气血，一取苍老皮肤。束字者，功毕洗毕，用软帛作绳束其玉茎[一三]，松紧适宜，取其常伸不屈之义。养者，功成物壮，鏖战胜人是其本分。犹恐其嫩，或致他虞，先用旧鼎时或养之。养之者，谓安闲温养，切勿驰骋，务（毋）令惯战，然后能无敌也。行满百日，久久益佳。弱者强，柔者刚，缩者长，病者康，居然烈丈夫。虽木石、铁槌，吾何惮哉[一四]？ 以鏖战世间，应无女将[一五]也。以此采取，即得元珠[一六]；用之祈嗣，则百斯男。此功此法信受者，实能夙契[一七]也，于天地间，岂小补云哉？

【校释】

〔 一 〕而不相贯，西谛本、述古堂本、来章氏本作“两不相贯”。

〔 二 〕合，当为“今”字之误，西谛本、述古堂本作“今”。

〔 三 〕可按而交施矣，西谛本、述古堂本作“可以相接而交旋矣”，来章氏本作“可以通接而交旋矣”。按，当为“接”字之误；施，当为“旋”字之误。

〔 四 〕其功夫在于两处，西谛本、来章氏本作“行此功夫，其法在两处”，述古堂本作“行此工夫，其法在两处”。

〔 五 〕掼，西谛本等诸本均作“攒”，当是。

〔 六 〕摔，西谛本、述古堂本作“牵”；揉，西谛本、述古堂本作“抚”。

〔 七 〕记，当为“计”字之误，西谛本等诸本均作“计”。

〔 八 〕则气充盈,超超(越)万物矣,西谛本、来章氏本作"则其气充满,
超越万物矣",述古堂本作"则其气充,超越万物矣"。超超,当
为"超越"之误。

〔 九 〕凡掼(攒)、挣、拍、摔、握、搓、揉七字,西谛本、述古堂本作"凡攒、
挣、搓、拍、牵、抚六字",来章氏本作"凡攒、挣、拍、摔、握、搓六字"。

〔一○〕若咽,西谛本、述古堂本作"若咽字者"。

〔一一〕然后乃行掼(攒)、挣、拍、摔、握、搓、揉等字功,西谛本、述古堂本
作"然后行攒、挣等功",来章氏本作"然后乃行攒、挣等功"。

〔一二〕以药水逐日烫洗,西谛本作"以药水逐日荡洗二次也",述古堂
本作"以药水逐日烫洗二次也",来章氏本作"以药水逐日荡洗
一次"。

〔一三〕用软帛作绳束其玉茎,西谛本、述古堂本作"用软帛作绳束其茎
根",来章氏本作"用软帛作绳束其根茎"。

〔一四〕惼,恐惧、害怕。吾所惼哉,来章氏本作"亦无所惼"。

〔一五〕女将,述古堂本作"勍将"。

〔一六〕元珠,亦即"玄珠",指内丹。此段所言,悉为房中术内容。然古
代的房中术并非简单的男女房事,而是一种内丹的修炼方式,
其目的也是结丹长生。如晋代葛洪的《抱朴子内篇·微旨》曰:
"善其术者,则能却走马以补脑,还阴丹以朱肠。"却,止;走马,
漏泄精液;阴丹,宝精之术。

〔一七〕凤契,前世的缘分,如宋代罗烨的《醉翁谈录·红绡密约张生负
李氏娘》曰:"今夕相会,岂非凤契? 愿见去岁相约之媒。"

行功禁忌

自上部初功至此凡三百余日,勿多近内。盖此功以积气

为主,而精神随之。初功百日内,全宜忌之[一];百日功毕后,
乃可近内一次,以疏流滞[二]。多或二次,切不可三。向后,
皆同此意。至行下部[功][三]时,五十日间疏放一次,以去
其旧而生其新。以后慎加保守[四],作壮之本,万勿浪用[五]。
此后功成气坚,收放在我,顺施则人,逆用则道[六],固非凡宝
可喻价值也[七]。

【校释】

〔 一 〕忌之,西谛本、述古堂本作"禁之"。

〔 二 〕流滞,西谛本作"留滞"。

〔 三 〕至行下部时,"部"后疑脱一"功"字,西谛本、来章氏本作"至行
下部功时"。

〔 四 〕保守,西谛本、述古堂本作"保重"。

〔 五 〕万勿浪用,西谛本、述古堂本作"慎勿浪用"。

〔 六 〕逆用则道,西谛本作"逆用则仙",述古堂本作"逆运成仙",来章
氏本作"进(近)内则其道非凡"。

〔 七 〕固非凡宝可喻价值也,西谛本作"固非凡宝可论价值也",述古
堂本作"固非凡宝所可论价值也",来章氏本作"不可以价值论
也"。

洗下部药方[一]

行下部功,常用药水日日烫洗,不可间断。盖取药力通
和气血,苍老皮肤,又且解热退火,不致他变[二]也。

法用:地骨皮、蛇床子、甘草各量,用煎汤,先温后热,缓
缓烫之,每日一二次,以为常则[三]。

【校释】

〔 一 〕洗下部药方，西谛本、述古堂本、来章氏本作"下部洗药方"。

〔 二 〕他变，西谛本作"他虞"。

〔 三 〕每日一二次，以为常则，西谛本作"日二次洗"，述古堂本作"日洗二三次"，来章氏本作"日一二次，以为常则"。

余 伎〔一〕

精、气与神，炼至坚刚〔二〕，本期作用根基〔三〕，希仙作佛，固能勇猛精进〔四〕。设人缘未尽，用之临敌对垒时〔五〕，其功要处在于意有所寄。气不外驰，则精自不狂，守而不走。设欲延嗣，则按时审候，应机而射，一发中的，无不孕者；设欲鏖战，则闭目存神，按对（队）行兵〔六〕，百战无敌〔七〕。若于下炼之时，加吞饮、吹吸等功相行纯熟〔八〕，则为泥水探珠最上神勇也〔九〕。大道六耳不传〔一〇〕，乌〔一一〕可悉露笔端？专心至之者，自于口诀中得这些儿也。

【校释】

〔 一 〕《余伎》一则，其内容与述古堂本、来章氏本的《用战》基本相同。

〔 二 〕炼至坚刚，述古堂本、来章氏本作"炼至坚固"。

〔 三 〕本期作用根基，述古堂本作"本斯（期）用作根基"，来章氏本作"用立根基"。

〔 四 〕固能勇猛精进，述古堂本作"能勇往精进也"，来章氏本作"能勇精进也"。

〔 五 〕对垒时，述古堂本作"当对垒时"。

〔 六 〕按对行兵，述古堂本、来章氏本作"按队行兵"，当是。

〔七〕百战无敌,述古堂本、来章氏本作"自能无敌"。

〔八〕加吞饮、吹吸等功相行纯熟,述古堂本作"加吞剑、吹吸等相间
　　　行熟",来章氏本作"加吞剑、吹吸等功根(相)间行熟"。

〔九〕则为泥水探珠最上神勇也,述古堂本、来章氏本作"则为泥水采
　　　补最上神锋也"。

〔一〇〕六耳,第三者。大道六耳不传,犹同"法不传六耳",指极为秘
　　　密,不能让第三者知道,如清人文康的《儿女英雄传》第四回曰:
　　　"此话可法不传六耳。"

〔一一〕乌,表示疑问,何、怎么。《汉书·司马相如传上》:"且夫齐楚之
　　　事,又乌足道乎?"

武术院本《金刚三昧坚固地菩萨禅行》校释

提　要

　　《金刚三昧坚固地菩萨禅行》,清抄本,小楷抄写,每页八行,无板框,亦无抄录者姓名或印章,原为国家体育总局武术研究院所藏《少林拳棒枪刀谱》(八卷四册,现存三至八卷,共三册)卷八"续编"之部分内容。该文本原无题名,起首即署名李靖之《金刚三昧坚固地菩萨禅行序》,故据此以定书名。佛教中有《金刚三昧经》,然并无"金刚三昧坚固地菩萨"之说,此名或由李靖《序》中所谓练此功法可"得金刚坚固地"一语演绎而来。

　　《金刚三昧坚固地菩萨禅行》的具体内容,先是李靖《序》和牛皋《序》,随后是二十八则正文,最后是题名紫凝道人写的跋。整体内容与西谛本等文本并无多大差别,但文字较简略。

　　最后部分的紫凝道人跋文,与西谛本、述古堂本的紫凝道人跋文不同,反而与王端履本《海岱游人序》较为近似,两序均提到了作序者在长白山如何邂逅了一位功夫骇世的羌人,此人临别时留下一份秘籍之事。但《海岱游人序》的落款时间是"中统元年秋九月",而此本的紫凝道人跋文末题曰"康熙己酉冬月"。另外,跋文前的"辛丑岁,天子一统"之语,与现藏日本国立公文书馆的沈玉田本《海岱游人序》中的"顺治辛丑年,天下一统"颇为近似。

金刚三昧坚固地菩萨禅行序[一]

大唐贞观二年春三月太原李靖

后魏明帝太和年,达摩面壁寺中。谓徒众曰:"盍各言所知?"众具陈进修。师曰,某得吾皮,某得吾肉,某得吾髓(骨)[二],惟于会[三]可曰:"尔得吾髓。"师西去,于坐处得一函,藏经二帙,一曰《洗髓》,一曰《易筋》。僧不能译告佛真正法门。众中一僧,念师留此经必非无取,乃遍访名山,于峨嵋遇西竺圣僧八[四]刺密帝,因陈来意。圣僧曰:"佛祖心传,基先于此。然经文难译,佛语渊奥也。"乃一一指陈,上(止)[五]僧于山,提挈进修,百日而凝固,再百日而充周,更百日而畅达,得金刚坚固地。驯此,入佛智慧地。乃随圣僧化行海外,不知所终。后徐洪客[六]遇之海外,得其秘谛,授于虬髯,传于余。余惜立志不坚,仅得六化(花)[七]小技,以功名终。然而此经妙义,世所未闻,企望后学务期作佛,勿以功名终也!

【校释】

〔一〕《金刚三昧坚固地菩萨禅行》即《易筋经》,然其内容与文句,与清代诸本《易筋经》稍有差异。佛教中有《金刚三昧经》,而无"金刚三昧坚固地菩萨"之名。此名或由李靖《序》中所谓练此功法可得所谓"金刚坚固地"一语演绎而来。

〔二〕髓,当为"骨"字之误,西谛本等诸本均作"髓"。

〔三〕会,西谛本等诸本均作"慧"。

〔四〕八,西谛本等诸本均作"般"。

〔五〕上,当为"止"字之误,西谛本等诸本均作"止"。

〔六〕徐洪客,西谛本、述古堂本、来章氏本作"徐鸿客"。

〔七〕化,当为"花"字之误,西谛本等诸本均作"花"。

绍兴十二年汤阴牛臯鹤九

余,武人也。值中原沦丧,二帝北狩。因应岳元帅幕(募)〔一〕,上功为大将。复于鄂,遇一僧手持函,嘱余致少保。叩其取(故)〔二〕,曰:"知少保有神力乎?"余曰:"不知也,但见少保挽百石弩耳。"僧曰:"汝知天赋之欤?"曰:"然。"僧曰:"非也,余授之耳。少保学于余,神力功成,余嘱其入道,不从,就人间功业,此命也,命将及矣! 急致此函,或省乎!"余叩其名,不答。时摄其神威,不敢挽留。后少保得函,泣下曰:"吾师神僧也!"因从襟中出一册付余,曰:"好藏此册,择人而授,勿使法门中绝,负神僧也。"后,少保果受害。余凡眼,不识谁具佛根堪传此术者。今藏嵩山石壁,俟有缘者得之以进道,或可酬少保于天上乎!

【校释】

〔一〕幕,当为"募"字之误,西谛本、述古堂本、王端履本作"募"。

〔二〕取,当为"故"字之误,西谛本等诸本均作"故"。

［金刚三昧坚固地菩萨禅行］〔一〕

东来初祖〔二〕传
西竺般剌密帝译义

总论译文

世尊谓学佛教者初基有二：一曰清虚，一曰勇往。不克办（辨）〔三〕此，进道无基。清虚为何？《洗髓》是也；勇往何为（为何）〔四〕？《易筋》是也。原夫人身皆筋之用，弛则痪，挛则瘘〔五〕，靡则委（痿）〔六〕，弱则懈，绝则亡。今以人功，变弱为强，变挛为长，变柔为刚，变衰为康，为之力也，圣之基也，我命在我。然功有渐次，法有内外，气有运用，行有起止。以至药物器用制，节候岁年，起居饮食，征验始终。务期先办信心，勇往精进，用功不已，无不立跻圣域也。

【校释】

〔一〕原本无此标题，今据前文李靖《序》标题补。

〔二〕初祖，即指禅宗初祖达摩。达摩在中国始传禅宗，经二祖慧可、
　　　三祖僧璨、四祖道信、五祖弘忍及六祖慧能等的大力弘扬，终于
　　　一花五叶，蔚为可观。

〔三〕办，当为"辨"字之误，西谛本作"辨"。

〔四〕何为，西谛本作"为何"，当是。

〔五〕挛，蜷曲；瘈，抽搐，痉挛。

〔六〕委，西谛本作"痿"，当是。靡，细腻；痿，身体筋骨萎缩、偏枯。

膜　论

　　骨髓之外，皮肉之内，五脏六腑，四肢百骸，皆膜也，附于骨肉。炼筋尚易，炼膜则难。修炼之士以气为主，修炼气至，筋膜齐坚。然筋体虚重（灵）〔一〕，气多则起；膜体沉浊，气不培充，不能起发。炼至筋起之候（后）〔二〕，倍加工（功）〔三〕力，俟周身膜皆腾起，与筋齐坚。外著于皮，并坚其肉，始为气充了当。否则筋无助。

【校释】

〔一〕重，西谛本、述古堂本作"灵"，当是。

〔二〕候，西谛本等诸本均作"后"，当是。

〔三〕工，西谛本作"功"，当是。

内　壮

内壮言道，外壮言勇。道植圣基，勇仅俗务。其法有三：一曰守中，专于积气。下手之要，妙乎用揉。揉则解襟

仰卧，一掌之下，胸腹之间，即名"中"。此存气之地，应须守之。含眼光，凝耳韵，匀鼻息，缄舌气，四肢不动，是名"守中"。一身之中，精、气与神俱注于是。若意念纷纭，神气随之而不凝注，虚所揉也，无有是处。

一（二）〔一〕曰万勿他念。人身中，精神、气血悉役于意。守中之时，一意掌下。若驰念一掌之外，或各肢体，其所凝积精、气于（与）〔二〕神，随即走散。若至肢体，即成外壮，非内壮矣。揉而不积，虚所揉也，无有是处。

三曰气欲充周。精神、血脉悉皆附之，守而不驰，真积力久，则满充遍。若未充周，意驰于外，更散四肢，则外勇不全，内壮亦不坚也，两无是处。

【校释】

〔一〕一，当为"二"字之误，王端履本作"二"。

〔二〕于，当为"与"字之误，王端履本、来章氏本作"与"。

揉　法

式有二。一曰起功春［月］〔一〕。炼法三取（段）〔二〕，每段一百日，二月中旬起手下功。人之一身，右气左血。揉法：解襟，右边推左，气入血分，后其通融。又胃在左，揉令胃宽能多纳气。揉，取右掌便用不劳。二曰操宜轻浅。凡揉之法，虽人功，宜法天义。但或推盈，徐徐往来，勿重勿轻，久久自得。设令太重，必伤皮肤，致生瘢（瘢）〔三〕痏；深则伤肌肉、筋膜，致生肿热，两无是处。

【校释】

〔 一 〕起功春，"春"后疑脱一"月"字，西谛本、述古堂本作"春月起功"，
　　　王端履本作"春初起功"。

〔 二 〕取，西谛本等诸本均作"段"，当是。

〔 三 〕瘢，当为"瘢"字之误，西谛本、述古堂本、来章氏本作"瘢"，王
　　　端履本作"斑"。

日晶（精）〔一〕月华

　　二气更融，是生万物，至人善用，久久仙去。其法密秘，世人不知。待（行）内炼〔二〕，〈若〉〔三〕毋论闲忙而揉之，功不可间断。盖取晶（精）华，益我神智，愚涩潜消〔四〕，清灵日长，百病不生。日取于朔，与月初交，其气新也；月取于望，金水盈满，其气壮也。初二、初三、十六、十七，于日出初（初出）〔五〕登高默对，调匀鼻息，细吸光华，令满一口，闭息凝神，细细咽下，意送中宫，是为一咽。如此七咽，静守片时，然后起行。月于戌亥时，如前法。

【校释】

〔 一 〕晶，西谛本等诸本均作"精"，当是。

〔 二 〕待内炼，西谛本等诸本均作"行内炼"，当是。

〔 三 〕若，依上下文意，当为衍文。

〔 四 〕愚涩潜消，西谛本、述古堂本作"愚昧渐消"，王端履本作"愚滞
　　　渐消"，来章氏本作"凝滞渐消"。

〔 五 〕出初，西谛本、述古堂本作"初出"，当是。

服　药

炼壮之功，外资于揉，内资于药。行功之始，先服一丸，约入中胃（胃中）[一]，将化之时，即行功夫。揉与药力两相迎凑，乃为得法；过于（与）[二]不及，皆无益也。每行功三日，服药一丸。

【校释】

〔一〕中胃，依上下文意，当是"胃中"之误。

〔二〕于，当为"与"字之误，西谛本、述古堂本作"与"，王端履本、来章氏本作"犹"。

内壮方

野蒺藜【炒去刺】，熟地【酒洗】，白茯苓【去皮】，甘草【蜜炙】，白芍[一]【火煨】，朱砂【水飞，各十两】，人参【去芦】，全当归[二]【酒洗身】，白术【土炒】，川芎【各二两】，共为末，炼蜜丸，重一钱，滚水下。

另立三品，只取一品：

野蒺藜【炒去刺】，炼蜜丸，重一钱。

白茯苓【去皮蜜浸】，捣为丸，重钱许。

朱砂【水飞】，每三钱，蜜水下。

【校释】

〔一〕白芍，西谛本、王端履本、来章氏本作"白芍药"。

〔二〕全当归，西谛本、王端履本、来章氏本作"当归"。

荡洗药水

地骨皮、食盐【各量，用盐水乘热洗之】。行功之时，频宜荡洗。盐能轻坚，功力易入，凉能散火，不致聚热。一日一洗，二日一洗，功成乃已。气血融和，肌肤疏畅。

初月行功

童子三人，解襟仰卧，心下脐上中正。一掌自右而左，推而揉之，徐徐往来，匀匀勿乱，掌勿离皮，亦勿游移。揉时冥心内观，守中，勿忘勿助，意不他驰，精、气、神注一掌中，合法火候。揉时熟睡，更为得法。如此二炷香，早、午、晚共揉三次。年少火盛，早、晚二次，恐功太骤，或致他虞。行功既毕，静睡片时，清醒而起，仍可应酬。

二月行功

初功一月，气已凝聚，胃宽大宽（觉宽大）〔一〕，其腰两旁，筋皆腾起，各宽寸余。用气努之，硬如木片，是有验也。两肋之间，自心至脐，软而又陷，软深于筋，掌揉不到，不能腾也。至于此时，前有揉处一掌之旁，各开一掌，仍如前法，徐徐揉之。其中软处，木杵深捣。久则腾起，浮至于皮，与筋齐坚，全无软陷，始为全功。此揉此捣，准香三炷〔二〕，日行三次。

〔一〕宽大宽,当为"觉宽大"之误,西谛本等诸本均作"觉宽大"。

〔二〕准香三炷,西谛本作"亦准二香",诸本关于香的数量均作"二"。

三月行功

功满二月,其间陷处至此略起,用木槌轻轻打之。两旁所揉各一掌处,却用木槌如法捣之。又于其旁至两肋梢各开一掌,如法揉之。准三炷香〔一〕,日行三次。

【校释】

〔一〕准三炷香,西谛本作"准以二香",诸本关于香的数量均作"二"。

四月行功

功掌(满)〔一〕三月,其中三掌,皆用木槌打;其外二掌,先捣后打。日以三次,功逾百日,气满筋坚,膜亦腾起,是为有验。

【校释】

〔一〕掌,西谛本等诸本均作"满",当是。

行功轻重

初用童子,一月已后〔一〕,气渐坚凝,须有力者渐渐加重。切勿太重,或致动火;切勿游移,或致伤皮。

【校释】

〔一〕已，同"以"，西谛本、述古堂本、王端履本作"以"，来章氏本作
　　"之"。

用功浅深

初功用揉，取其浅也。次渐加力，是因气坚而增其重，
乃是浅也。次功用捣，取其深也。次三用打。打外属浅，振
内属深，内外皆坚，方为有得。

两肋分内外

功逾百日，气已盈满。当此之时，切勿用意引入四肢；
所揉之外，切勿轻用槌、杵捣打。略有引导，则入四肢，即成
外勇，不复归行于皮肉间，不成内壮矣。

入内之法，乃用石袋，从心口至于两肋梢骨肉之间密密
捣之，兼用揉法，并用打法。如是久之，则所积充满之气循
循入骨。入骨有路，则不外溢，始成内壮。内、外两岐〔一〕于
此分界，急宜审办（辨），〔不令〕中间稍有些杂〔二〕。如引弓
拿拳敲打，轻用力势，一间（开）〔三〕其路，即趋于外，纵加多
功，亦不入内。

【校释】

〔一〕岐，同"歧"，西谛本、述古堂本作"歧"。《释名·释道》："物二为
　　歧。"

〔二〕"中间稍有些杂"前,西谛本、述古堂本有"不令"二字,当是。

〔三〕间,西谛本、述古堂本作"开",当是。

杵槌式

降真为上,杵长六寸,中径寸半,顶圆微(尾)〔一〕细。槌长一尺,圆大四寸,把细顶粗,其粗之中略高寸许,高处着肉,两头空间合式。

【校释】

〔一〕微,王端履本、来章氏本作"尾",当是。

石袋式

木杵与槌用在肉处,骨缝之间悉宜石袋。石取圆净,四无棱角,大如胡桃,小如榴子,水中者佳。山燥动火,土中郁气,气不宣畅。袋用细布,缝作圆筒,如木杵形。头圆,长八寸,次六寸,三五寸。石用半斤,多一斤,最多二十两,分置袋内,以指挑之,挨次扑打。久久行之,骨缝之间,膜皆坚壮。

五月六月七月八月行功法

功至百日,心下两胁旁筋之积,已用石袋打而揉。此处骨肉之交,内壮、外壮于此分界。意切(勿)〔一〕向外导引,精气向骨行。气循行处,遂路而行心口至颈。人自筋梢打至于肩,周而复始,不可倒行。日行三次,香六炷,勿间断。如此百日则气满实,任脉充盈。

【校释】

〔一〕切,当为"勿"字之误,西谛本等诸本均作"不"。

九月十月十一月十二月行法

二百日功,气充任脉,再运肾后以充任(督)〔一〕脉。从前之气,已上肩头。自肩自(至)〔二〕颈,照前打法,兼用揉法。上循玉枕,中至腰脊,下至尾闾,处处打遍,周而复始,不可倒行。脊旁软处,以掌揉之,或可槌打,随便打捣。日行三次,准香六炷。或上或下,或左或右,揉打周遍。如此百日,气满脊厚,督脉充矣。凡打一遍,用手遍搓,令其匀润。

【校释】

〔一〕任,当为"督"字之误,西谛本等诸本均作"督"。

〔二〕自,当为"至"字之误,西谛本、来章氏本作"至"。

阴阳配合

阳衰多患痿弱虚惫,揉宜童子或用少妇;阳盛阴衰,多患火症,揉亦宜童子,亦用少妇。

下部行功

三百余日,积气已多,任、督充满,乃行下部,令其赏

（贯）〔一〕通。任、督会通，气至相接，功有二处：一在睾丸，一在玉茎。在睾丸者，曰攒，曰挣，曰搓，曰拍；在玉茎者，曰咽，曰摔，曰牵〔二〕，曰抚，曰握，曰洗，曰束，曰养。其十一（二）〔三〕字，咽、洗、束、养四字除外，其余七（八）〔四〕字，用手行功。自轻至重，自松至紧，自勉至安，周而复始，不计遍数。日行三次，准香六炷，百日功成。

凡攒、挣、握、拍、摔、抚，用手行之，次渐轻重。咽者，初行功时，先吸清气一口，默送至胸；次吸一口，送至脐；又吸一口，送下部行功之处，然后行攒、挣等法。握字，努气以至于顶，乃为得力，日以为常。洗以药水，日盈兼洗，通和气血，苍老皮肤。束字，洗毕，用帛作绳，束其根茎，紧松适宜，常伸不屈，功成物壮，久战殊常。先用旧鼎时时养之，切戒驰骤，务（毋）〔五〕令惯战。行满百日，弱强揉（柔）〔六〕刚，缩者自长，病者自康，坚御木石。以之鏖战，世无其敌；以之采取，即得玄珠；以之延嗣，则百斯男。

【校释】

〔 一 〕赏，当为"贯"字之误，西谛本作"贯"。

〔 二 〕摔、牵二法，西谛本、述古堂本只有"牵"法，王端履本、来章氏本只有"摔"法。

〔 三 〕十一，依上下文意，当作"十二"。

〔 四 〕七，依上下文意，当作"八"。

〔 五 〕务，依上下文意，当作"毋"。

〔 六 〕揉，述古堂本、王端履本、来章氏本作"柔"，当是。

行功禁忌

自上部初功至此，三百有余日，勿多近内。百日之内，全宜禁戒；百日功毕，可行一次，以导其滞，向后多同。行下部时，五十一日〔一〕疏放行一次，远旧生新。自此以后，慎加保守，作壮之本，万勿浪用。功成气坚，收放在我，顺施则人，逆用成道。

【校释】

〔一〕五十一日，西谛本等诸本均作"五十日"。

下部洗药

将药煎汤温热，缓缓洗之，日一二次，不可断。

地骨皮、蛇床子、甘草【各量用】。

用　战

精、气、神炼至坚固，作用根基，希仙作佛。人缘未了，用之临阵，要气不外驰，意有所属，则精不外走。

内壮神勇

壮有内外，自行胁肋揉打，气入骨分，任、督充行，尚未见力，何以言勇？盖气不到手，用石袋照前打之。先从右肩以次打下，至于右手中指背，又从肩前打至大、食二指之背，

又行肩后打至无名小指之背，又从肩里打至掌内大、食二指
之梢，又从肩外打至掌内中指、无名、小指之梢。打毕，用手
处处搓擦揉，令其匀和。日以六次，分行三次，时用荡洗，以
疏气血。功满百日，其气始透。乃行左手，仍用前法，功亦
百日。则从骨中生出神力，久久加功，臂腕、指掌迥异寻常，
以意努之，硬如铁石。牛腹、牛头，并指侧掌，可贯可断；拳
碎虎脑，特小技耳。

炼手余功

　　炼手之际，用功之后，常以药水荡洗。初温次热，后大
热，自掌反（及）〔一〕腕皆遍洗。洗完勿拭，摆散两手，以意
努气，至于指尖，是生力法。以黑、录（绿）〔二〕二豆装筒内，
以手时擦（插）〔三〕，不记遍数，能除火力，坚老皮肤。如此工
久，所积之气，两手力充气足，皮肉、筋骨与膜相着于骨，坚
而不软。不用如常，如或用之，注气努力，坚如铁石。

　　此力从骨生出，与世不同。内外之法，看筋可验：内壮
之功，筋脉调畅，皮肉细腻，为力极重；外壮之功，皮肤粗老，
掌腕周身实实是筋，蟠结于外，浮在面皮。

【校释】

〔一〕反，当为"及"字之误，西谛本、述古堂本作"及"。

〔二〕录，当为"绿"字之误，西谛本、述古堂本、来章氏本作"绿"。

〔三〕擦，当为"插"字之误，西谛本、述古堂本、来章氏本作"插"。

内壮神力八段锦〔一〕

内壮既热（熟）〔二〕，骨力坚凝，然后引外功，染（概）〔三〕八法：提、举、推、扯、揪、按、抓、坠。努行之各三遍，周而复始，不记（计）〔四〕遍数。日行三次，每次六香，久久功成，力充周身。用时照法，力可扛鼎。八法之要，遂（逐）〔五〕字单行，以次相及，更为精专。

【校释】

〔一〕内壮神力八段锦，西谛本正文、来章氏本作"外壮神力八段锦"，述古堂本作"外壮神勇八段锦"。

〔二〕热，当为"熟"字之误，西谛本、述古堂本作"熟"，来章氏本作"得"。

〔三〕染，当为"概"字之误，西谛本、述古堂本、来章氏本作"概"。概，梗概，大略。《史记·伯夷列传》："其文辞不少概见。"引申为"总括"之意。

〔四〕记，当为"计"字之误，西谛本、述古堂本、来章氏本作"计"。

〔五〕遂，当为"逐"字之误，西谛本、述古堂本、来章氏本作"逐"。逐，挨着、逐个。

神勇余力

内外两全，方称神勇，常宜演炼。择茂林中，或槌或抱，推扯踢拔，取其精气。但大林中土气生旺，努以生力，不懈成功。又于山中挺立大石秀润完美，亦如上法。盖木与石天地英气，取之有益。

金刚三昧坚固地实义终

辛丑岁，天子一统。余游海岱、长白，遇羌人，止而饮。因问所之，对曰："访师耳。"问："何长？"曰："勇耳。"谓试以腹。乃以木石令壮士击之，若罔知也；又以苇（韦）[一]带系其睾丸，缀以牛车之轮，压以巨石，拽轮而走，若驰也；又击（出）[二]其双足，令壮士拽之，不移。众骇曰："天欤？人欤？"曰："人也，非天也。"究其用，曰："却病一，永无疾病二，终身壮健三，饥寒不迫四，多男五，御女百胜六，泥水探珠七，御侮八，功成不退，凡此皆小用耳。九，作佛之基，乃其上也。"因授一册，嘱秘勿泄。焚香竟读，方知神勇生于积气，易筋全在功夫。五十余年拘泥于理，不知理外别有天地。中华异书皆灰于秦火[三]，吾恐是经也纵向无是地，亦非中土人之所易窥也！

康熙己酉[四]冬月紫凝道人识于古肃然山之白云硐[五]

【校释】

〔一〕苇，依上下文意，当为"韦"字之误。韦，经去毛加工制成的牛皮，古代有"韦编三绝"之说。

〔二〕击，王端履本作"出"，当是。

〔三〕秦火，即指秦始皇焚书之事。

〔四〕康熙己酉，即公元1669年。

〔五〕此紫凝道人《跋》与王端履本海岱游人《序》内容相近，然王端履本题为"中统元年"，即公元1260年。

来章氏本《易筋经》校释

提　要

　　来章氏本《易筋经》是清代刻本中较早的一种，具体刊刻时间不详，大致晚于道光三年（1823）刊印的市隐斋本，是目前影响力最大的本子。该版本翻刻甚多，内容、版式基本相同，但文字稍有差异。来章氏本《易筋经》分上、下卷，每页八行，每行十八字至二十二字不等，末附《洗髓经》。封页右方印有"宋少保岳鹏举鉴定"八字，下方另有"校对无讹，翻刻必究"八字，左下方则题"本衙藏板"，"来章氏辑"四字见于《易筋经》下卷首行。

　　内容上，来章氏本《易筋经》先是李靖、牛皋两《序》。其次是上卷目录及正文，共三十三则，比述古堂本多出五则，分别为《贾力运力势法说》《十二势图》《搓膀腕法》《挞炼手足》以及《炼指法》。随后是下卷目录及正文共十一则，分别为《玉环穴说》《经验药方》《木杵图》《木槌图》《任脉图说》《督脉图说》《骨数》《筋络》《气血说》，以及《外壮八段锦图》《八段锦余功》（后两则仅存目）。

　　本书最后附有《洗髓经》。与《易筋经》一样，《洗髓经》首页右方亦印有"宋少保岳鹏举鉴定"八字，其下有"校对无讹，翻刻必究"八字，左下方为"本衙藏板"四字，无目录。《洗髓经》大致可分为四部分：一是托名禅宗二祖慧可所作的《翻译洗髓经意序》，二是阐明细则旨要的《翻译洗髓经总义》，三是《无始钟气篇》《四大假合篇》等六篇正文，四是《翻译经义后跋》。

易筋经序

后魏孝明帝太和年间,达摩大师自梁适魏,面壁于少林寺。一日,谓其徒众曰:"盍各言所知,将以占乃诣。"众因各陈其进修。师曰,某得吾皮,某得吾肉,某得吾骨,惟于慧可曰"尔得吾髓"云云。后人漫[一]解之,以为入道之浅深耳,盖不知其实有所指,非漫语也。

迨九年功毕,示化,葬熊耳山脚,乃遗只履而去。后面壁处碑砌坏于风雨,少林僧修葺之,得一铁函,无封锁,有际会,百计不能开。一增(僧)[二]悟曰:"此必胶之固也,宜以火。"函遂开,乃镕蜡满注而四着故也[三]。得所藏经二帖[四],一曰《洗髓经》,一曰《易筋经》。《洗髓经》者,谓人之生感于爱欲,一落有形,悉皆滓秽。欲修佛谛,动障真如,五脏六腑、四肢百骸,必先一一洗涤净尽,纯见清虚,方可进修,入佛智地。不由此经,进修无基[五],无有是处。读至此,然后知向者所谓"得髓者",非譬喻也。《易筋》者[六],谓髓骨之外、皮肉之内[七],莫非筋连络周身,通行血气。凡属后天,皆其提挈,借假修真;非所赞勷,立见颓靡。视作泛常,曷臻

极至？舍是不为，进修不力，无有是处。读至此，然后知所
谓皮、肉、骨者，非譬喻，亦非漫语也。《洗髓经》帙归于慧可，
附衣钵〔八〕，共作秘传，后世罕见；惟《易筋经》留镇少林，以
永师德。

　　第其经字，皆天竺文，少林诸僧不能遍译。间亦译得十
之一二，复无至人口传密秘，遂各逞己意，演而习之，竟趋
旁径，落于枝叶〔九〕，遂失作佛真正法门。至今，少林僧众谨
（仅）〔一〇〕以角艺擅场，是得此经之一斑也。众中一僧，具超
绝识，念惟达摩大师既留圣经，岂惟小技〔一一〕？今不能译，
当有译者。乃怀经远访，遍历山岳〔一二〕。一日，抵蜀，登峨
嵋山，得悟（晤）〔一三〕西竺圣僧般剌密谛，言及此经，并陈来
意。圣僧曰："佛祖心传，基先于此。然而，经文不可译，佛
语渊奥也；经义可译，通凡达圣也。"乃一一指陈，详译其义。
且止僧于山，提挈进修。百日而凝固，再百日而充周，再百
日而畅达，得所谓金刚坚固地。驯此入佛智地，洵为有基筋
（助）〔一四〕矣。僧志坚精，不落世务，乃随圣僧化行海岳，不
知所之。

　　徐鸿客遇之海外，得其秘谛。既授于虬髯客，虬髯客复
授于予。尝试之，辄奇验，始信语真不虚。惜乎未得《洗髓》
之秘，［不能］观游佛境〔一五〕；又惜立志不坚，不能如僧不落
世务，乃仅借六花小技，以勋伐终，中怀愧歉也！

　　然则，此经妙义世所未闻，谨序其由，俾知颠末。企望
学者务期作佛，切勿要（效）〔一六〕区区作人间事业也。若各

能作佛,乃不负达摩大师留经之意;若曰勇足以名世,则古
之以力闻者多矣,奚足录哉?

　　　　时唐贞观二载春三月三日李靖药师甫序

【校释】

〔一〕漫,西谛本、述古堂本作"谩",后文"漫语"之"漫"亦是。

〔二〕增,当为"僧"字之误,西谛本、述古堂本、王端履本作"僧"。

〔三〕乃镕蜡满注而四着故也,西谛本作"乃镕蜡满注而四著",述古
　　　堂本作"乃镕蜡满注四着"。

〔四〕帖,西谛本等诸本均作"帙"。

〔五〕无基,西谛本、述古堂本作"无益"。

〔六〕《易筋》者,西谛本、述古堂本作"《易筋经》者"。

〔七〕皮肉之内,西谛本作"皮肉之中"。

〔八〕附衣钵,西谛本、述古堂本作"附之衣钵"。

〔九〕枝叶,西谛本、述古堂本作"技艺"。

〔一〇〕谨,当为"仅(僅)"字之误,西谛本、述古堂本、王端履本作"仅"。

〔一一〕岂惟小技,西谛本、述古堂本作"宁惟小技"。

〔一二〕遍历山岳,西谛本、述古堂本作"遍历川岳"。

〔一三〕悟,当为"晤"字之误,西谛本、述古堂本作"晤"。

〔一四〕筋,当为"助"字之误,西谛本、述古堂本作"助"。

〔一五〕观游佛境,"观"前疑脱"不能"二字,西谛本作"不能游观佛
　　　　境",述古堂本作"不能观游佛境"。

〔一六〕要,当为"效"字之误,西谛本、述古堂本作"效"。

易筋经内外神勇序

予，武人也，目不识一字，好弄长枪大剑，盘马弯弓以为乐。值中原沦丧，徽、钦北狩，泥马渡河，江南多事。予因应我少保岳元帅之幕（募）^{〔一〕}，署为裨将，屡上战功，遂为大将。

忆昔年，奉少保将令出征，后旋师还鄂。归途，忽见一游僧，状貌奇古，类阿罗汉像（相）^{〔二〕}，手持一函入营，嘱予致少保。叩其故，僧曰："将军知少保有神力乎？"予曰："不知也，但见吾少保能挽百石之弓耳^{〔三〕}。"僧曰："少保神力天赋之欤？"予曰："然。"僧曰："非也，予授之耳。少保少尝从事^{〔四〕}于予。神力成功，予嘱其相随入道，不之信，去而作人间勋业事。名虽成，志难竟，天也，运也，命也，奈若何？今将及矣！烦致此函^{〔五〕}，或能返省获免。"予闻言，不胜悚异。叩姓氏，不答；叩所之，曰"西访达师"。予惧其神威，不敢挽留，竟飘然去。

少保得函，读未竟，泣数行下，曰："吾师神僧也，不吾待，吾其沐（休）^{〔六〕}矣！"因从襟袋中出［一］^{〔七〕}册付予，嘱

曰 :"好掌此册,择人而授,勿使进道法门斩焉中绝,负神僧
也!"不数月,果为奸相所构。予心伤于少保冤愤莫伸,视功
勋若粪土,因(固)无复〔八〕人间之想矣。念少保之嘱不忍负,
恨武人无巨眼,不知斯世谁具作佛之志堪传此册者。择人
既难,妄传无益。今将此册传于嵩山石壁之中,听有道缘者
自得之,以衍进道之法门,庶免妄传之咎,可酬对少保于天
上矣!

　　时宋绍兴十二年鄂镇大元帅少保岳麾下宏毅蒋(将)军
阴阳(汤阴)牛皇(皋)鹤九甫序〔九〕

【校释】

〔 一 〕幕,西谛本、述古堂本作"募",当是。

〔 二 〕像,西谛本、述古堂本、王端履本作"相",当是。

〔 三 〕能挽百石之弓耳,西谛本、述古堂本作"能挽百石强弓耳",王端
　　　履本作"能挽百钧神弓耳"。

〔 四 〕事,西谛本等诸本均作"学"。

〔 五 〕烦致此函,西谛本作"函致此函",述古堂本作"函至此函",王
　　　端履本作"致此函"。

〔 六 〕沐,当为"休"字之误,西谛本、述古堂本、王端履本作"休"。

〔 七 〕出册付予,"册"前疑脱"一"字,西谛本等诸本均作"出一册
　　　付予"。

〔 八 〕因无复,西谛本、述古堂本、王端履本作"固无复",当是。固,通
　　　"故",因此。

〔 九 〕蒋军,当为"将军"之误,西谛本、述古堂本、王端履本作"将
　　　军";阴阳,当为"汤阴"之误,述古堂本、王端履本作"汤阴";
　　　牛皇,当为"牛皋"之误,西谛本等诸本均作"牛皋"。

易筋经目录上卷

石袋说

五六七八月行功法

九十十一二月行法〔七〕

配合阴阳法

下部行功法

行功禁忌

下部洗药方

用　战

内壮神勇

炼手余功

外壮神勇八段锦〔八〕

神勇余功

贾力运力势法说〔九〕

十二势图〔一○〕

搓膀腕法

挞炼手足

炼指法

【校释】

〔一〕易筋经经论,正文作"总论"。

〔二〕汤洗法,正文作"服药法"。

〔三〕内壮丸药方,正文作"内壮药"。

〔四〕荡洗药水方,正文作"汤洗方"。

〔五〕行功轻重法,正文作"得功轻重法"。

〔六〕两肋分内外,正文作"两肋内外功夫"。

〔 七 〕九十十一二月行法,正文作"九十十一十二月行功法"。

〔 八 〕外壮神勇八段锦,正文作"外壮神力八段锦"。

〔 九 〕贾力运力势法说,正文作"力运力势法"。

〔一〇〕十二势图,正文无此标题。

易筋经上卷

西竺达摩祖师著
西竺圣僧般剌密谛译义
南洲白衣海岱游人订正

总　论[一]

　　译曰：佛祖大意，谓登证（正）果[二]者，其初基有二：一曰清虚，一曰脱换。能清虚，则无障；能脱换，则无碍。无障、无碍，始可入定、出定矣。知乎此，则进道有其基矣[三]。所云清虚者，《洗髓》是也；脱换者，《易筋》是也。

　　其《洗髓》之说，谓人之生感于情欲，一落有形之身，而脏腑、肢骸悉为滓（滓）秽[四]所染，必洗涤净尽，无一毫之暇障[五]，方可步超凡入圣之门[六]。不由此[七]，则进道无基。所言[八]《洗髓》者，欲清其内；《易筋》者，欲坚其外。如果能内清静、外坚固[九]，登圣域在反掌之间耳，何患无成？且云《易筋》者，谓人身之筋骨由胎禀而受之[一〇]，有筋弛者、筋挛者、筋靡者、筋弱者、筋缩者、筋壮者、筋舒者、筋劲者、筋和者〔一一〕，种种不一，悉由胎禀。如筋弛则病，筋挛则瘦，筋靡则痿，筋弱则懈，筋缩则亡，筋壮则强，筋舒则长，筋劲则刚，筋和则康〔一二〕。若其人内无清虚而有障，外无坚固而有碍，岂许入道哉？故入道莫先于易筋，以坚其体，壮内以助其外〔一三〕。否则，道亦难期〔一四〕。

　　其所言《易筋》者，易之为言大矣哉！易者，乃阴阳之道也，易即变化之易也〔一五〕。易之变化，虽存乎阴阳〔一六〕，而阴阳之变化，实有存乎人〔一七〕。弄壶中之日月，抟掌上之阴阳〔一八〕。故二竖系之在人，无不可易。所以为虚，为实者易之；为寒，为暑者易之〔一九〕；为刚，为柔者易之；为静，为动者易之。高下者，易其升降；先后者，易其缓急；顺逆者，易其往来。危者，易之安；乱者，易之治；祸者，易之福；亡者，易之存。气数〔二〇〕者，可以易之挽回；天地者，可以易之反覆，何莫非易之功也〔二一〕？至若人身之筋骨，岂不可以易之哉〔二二〕？

　　然筋，人身之经络也〔二三〕。骨节之外，肌肉之内，四肢百骸，无处非筋，无经非络〔二四〕，联络周身，通行血脉，而为精神之外辅。如人肩之能负，手之能摄，足之能履，通身之活泼灵动者〔二五〕，皆筋之挺然者也，岂可容其弛挛靡弱哉？而病瘦痿懈者，又宁许其入道乎？佛祖以挽回乾（斡）旋之法，俾筋挛者易之以舒，筋弱者易之以强，筋弛者易之以和，筋缩者易之以长，筋靡者易之以壮〔二六〕，即绵涎（泥）〔二七〕之身可以立成铁石，何莫非易之功也！身之利也，圣之基也，此其一端耳。故阴阳为人握也，而阴阳不得自为阴阳；人各成其人也〔二八〕，而人勿为阴阳所罗。以血气之躯而易为金石之体，内无障，外无碍，始可入得定去，出得定来。然此着功夫亦非细故也〔二九〕，而功有渐次〔三〇〕，法有内外，气有运用，行有起止。至药物器制、火候岁年〔三一〕、饮食起居，始终各有征验。其入斯门者，务宜先办香信（信心）〔三二〕，次立虔心〔三三〕，奋勇坚往〔三四〕，精进如法，行持而不懈，无不立跻于圣域〔三五〕者云。

　　般刺密谛曰：此篇就达摩大师本意，言《易筋》之大概，译而成文，毫不敢加以臆见，或创造一语。后篇行功法则，具详原经译义。倘遇西竺高明圣僧，再请琢磨可也。

【校释】

〔一〕总论，来章氏本正文前目录作"易筋经经论"。

〔二〕证果，当为"正果"之误，王端履本作"正果"。

〔三〕则进道有其基矣，王端履本作"则进道有基"。

〔四〕淬秽，当为"淬秽"之误，王端履本作"淬秽"。

〔五〕无一毫之瑕障，王端履本作"无一毫障蔽"。

〔六〕方可步超凡入圣之门，王端履本作"方可入门"。

〔七〕不由此，王端履本作"不由此径"。

〔八〕所言，王端履本作"所以"。

〔九〕如果能内清静、外坚固，王端履本作"果能内清虚而外坚固"。

〔一〇〕由胎禀而受之，王端履本作"受由胎禀"。

〔一一〕有筋弛者、筋挛者、筋靡者、筋弱者、筋缩者、筋壮者、筋舒者、筋劲者、筋和者,王端履本作"筋有弛者,有弯者,有靡而弱者,有缩而挺者"。

〔一二〕自"如筋弛则病"至"筋和则康"一段,西谛本、述古堂本、武术院本文字多有不同,文繁不录,详参各本。

〔一三〕壮内以助其外,王端履本作"壮外以助内也"。

〔一四〕道亦难期,王端履本作"道何所期"。

〔一五〕易即变化之易也,王端履本作"易即中华变易之道也"。

〔一六〕虽存乎阴阳,王端履本作"在于阴阳"。

〔一七〕实有存乎人,王端履本作"又存乎其人"。

〔一八〕弄壶中之日月,抟掌上之阴阳,王端履本前有"摩祖云"三字。

〔一九〕为暑者易之,王端履本作"为热者易之"。

〔二〇〕气数,即气运、命运,如东汉荀悦的《申鉴·俗嫌》曰:"夫岂人之性哉,气数不存焉。"

〔二一〕非易之功也,王端履本作"非易之为用"。

〔二二〕至若人身之筋骨,岂不可以易之哉,王端履本作"乃至人身筋骨,独不可以易乎哉"。

〔二三〕人身之经络也,王端履本作"人身之经纬也"。

〔二四〕无经非络,王端履本作"即无处非膜"。

〔二五〕通身之活泼灵动者,王端履本作"以及通身之活泼灵动"。

〔二六〕俾筋挛者易之以舒,筋弱者易之以强,筋弛者易之以和,筋缩者易之以长,筋靡者易之以壮,王端履本作"易挛者以舒,易弱者以强,易弛者以和,缩者以长,靡者以壮"。

〔二七〕绵涯,当为"绵泥"之误,王端履本作"绵泥"。

〔二八〕人各成其人也,王端履本作"人各成其阴阳"。

〔二九〕然此着功夫亦非细故也,王端履本作"然此功夫非浅近也"。细故,细小而不值得计较的事,如唐代杜甫《赤霄行》有句云:"丈夫垂名动万年,记忆细故非高贤。"

〔三〇〕而功有渐次,王端履本作"而功夫有渐次"。

〔三一〕火候岁年,王端履本作"令候岁年"。火候,道教内丹理论术语,火为元神,候是阶段的意思,用神即意来掌握呼吸、运炼精气,就是火候。火候是内丹修炼中的最重要一环,其内容多种。清代刘一明的《悟真直指》曰:"金丹全赖火候修持而成……有文烹之火候,有武炼之火候,有下手之火候,有止歇之火候,有进阳之火候,有退阴之火候,有还丹之火候,有大丹之火候,有增减之火候,有温养之火候。"

〔三二〕香信,当为"信心"之误,王端履本作"信心"。

〔三三〕虔心,王端履本作"肯心"。

〔三四〕坚往,西谛本、述古堂本作"往心",王端履本作"往坚"。

〔三五〕圣域,西谛本、述古堂本作"圣境"。

膜　论

夫一人之身〔一〕,内而五脏六腑,外而四肢百骸;内而精、气与神,外而筋、骨与肉,共成其一身〔二〕也。如脏腑之外,筋骨主之;筋骨之外,肌肉主之;肌肉之内,血脉主之。周身上下动摇活泼者,此又主之于气也。是故,修炼之功,全在培养气血者为大要也。即如天之生物,亦不[过]随阴阳之所至〔三〕而百物生焉,况于人生乎〔四〕?又况于〔五〕修炼乎?且夫精、气、神,虽无形之物也;筋骨肉,乃有形之身也。此法必先炼有形者为无形之佐,培无形者为有形之辅,是一而二,二而一者也。若专培无形而弃有形,则不可;专炼有形而弃无形，则更不可。所以，有形之身必得无形之气相倚而不相违，乃成不坏之体〔六〕。设相违而不相倚，则有形者亦化而无形矣。

是故，炼筋必须炼膜，炼膜必须炼气。然而，炼筋易而炼膜难，炼膜难而炼气更难也〔七〕。先从极难极乱处立定脚根〔八〕，后向不动不摇处认斯真法〔九〕，务培其元气，守其中气，保其正气，护其肾气，养其肝气，调其肺气，理其脾气，升其清气，降其浊气，闭其邪恶不正之气，勿伤于气，勿逆于气，勿忧思悲怒以顺其气〔一〇〕。使气清而平，平而和，和而畅达。能行于筋，串于膜，以至通身灵动，无处不行，无处不到。气至则膜起，气行则膜张，能起能张，则膜与筋齐坚齐固矣。

如炼筋不炼膜，而膜无所主；炼膜不炼筋，而膜无所依；炼筋炼膜而不炼气，而筋膜泥而不起；炼气而不炼筋膜，而气痿而不能宣达流串于经络。气不能流串，则筋不能坚固。此所谓参互其用，错综其道也。俟炼至筋起之后，必宜倍加功力，务使周身之膜皆能腾起，与筋齐坚，始为子（了）〔一一〕当。否则筋坚无助，譬如植物，无土培养，岂曰全功也哉？

般刺密谛曰：此篇言易筋以炼膜为先，炼膜以炼气为主。然此膜，人多不识，不可为脂膜之膜，乃筋膜之膜也〔一二〕。脂膜，腔中物也；筋膜，骨外物也。筋则联络肢骸，膜则包贴骸骨〔一三〕。筋旁（与）〔一四〕膜较，膜软于筋；肉与膜较，膜劲于肉。膜居骨（肉）〔一五〕之内、骨之外，包骨衬肉之物也，其状若此。行此功者，必使气串于膜间，护其骨，壮其筋,合其精力,乃曰全功。

【校释】

〔 一 〕夫一人之身,王端履本作"夫人之一身"。

〔 二 〕一身,王端履本作"一体"。

〔 三 〕亦不随阴阳之所至,"不"后疑脱一"过"字,王端履本作"亦不过随阳气之所至"。

〔 四 〕况于人生乎,王端履本作"况乎人之生乎"。

〔 五 〕于,王端履本作"乎"。

〔 六 〕乃成不坏之体,王端履本作"乃可成"。

〔 七 〕炼膜难而炼气更难也,王端履本作"炼气为尤难也"。

〔 八 〕脚根,王端履本作"脚跟"。

〔 九 〕认斯真法,王端履本作"认其真法"。

〔一○〕勿忧思悲怒以顺其气,王端履本作"勿忧思悲怒损于气"。

〔一一〕子当,王端履本作"了当",当是。

〔一二〕不可为脂膜之膜,乃筋膜之膜也,王端履本作"盖非膜脂(脂膜),乃筋膜也"。

〔一三〕膜则包贴骸骨,王端履本作"膜则包骨"。

〔一四〕旁,当为"与"字之误,王端履本作"与"。

〔一五〕骨,当为"肉"字之误,王端履本作"肉"。

内壮论

内与外对,壮与衰对〔一〕。壮与衰较,壮可久也;内与外较,外勿略也〔二〕。内壮言坚,外壮言勇。坚而能勇,是真勇也;勇而能坚,是真坚也〔三〕。坚坚勇勇,勇勇坚坚〔四〕,乃成万劫不化之身,方是金刚之体矣。

凡炼内壮,其则有三。

一曰守此中道。守中者,专于积气也。积气者,专于眼、耳、鼻、舌、身、意也。其下手之要,妙于用揉[五],其法详后[六]。凡揉之时,宜解襟何(仰)卧[七],手掌着处,其一掌下胸腹之间,即名曰"中"。惟此"中",乃存气之地,应须守之。守之之法,在乎含其眼光,凝其耳韵,匀其鼻息,缄其口气[八],逸其身劳,锁其意驰,四肢不动,一念冥心。先存想其中道,后绝其诸妄念[九],渐至如一不动[一〇],是名曰"守",斯为合式[一一]。盖揉在于是[一二],则一身之精、气、神俱注于是,久久积之,自成其庚方[一三]一片矣。设如杂念纷纭,驰想世务,神气随之而不凝,则虚其揉矣,何益之有?

二曰勿他想[一四]。人身之中,精神、气血不能自主,悉听于意,意行则行,意止则止。守中之时,意随掌下[一五],是为合式。若或驰意于各肢,其所凝积精、气与神随即走散于各肢,即成外壮,而非内壮矣。揉而下(不)[一六]积,又虚其揉矣,有何益哉[一七]?

三曰持(待)[一八]其充周。凡揉与守,所以积气。气既积矣,精神、血脉悉皆附之,守之不驰[一九]。揉之且久,气惟中蕴而不旁溢。气积而力自积,气充而力自周,此气即《孟子》所谓"至大至刚,塞乎天地之间"者,是吾浩然之气也。设未及充周,驰意外走,散于四肢,不惟外壮不全,而内壮亦属不坚[二〇],则两无是处矣。

般刺密谛曰:人之初生,本来原善。若为情欲杂念分去,则本来面目一切抹倒。又为眼、耳、鼻、舌、身、意分损灵犀,蔽其慧性,以致不能悟道。所以达摩大师面壁少林九载者,是不纵耳目之欲也。耳目不为欲纵,猿马自被其锁缚矣。故达摩得斯真法,始能只履西归而登正果也。此篇乃达摩佛祖心印先基,真法在"守中"一句,其用在"含其眼光"七句。若能如法行之,则虽愚必明,虽柔必强,极乐世界可立而登矣!

【校释】

〔 一 〕壮与衰对,王端履本作"衰与壮对"。

〔 二 〕外勿略也,西谛本、述古堂本作"外可略也",王端履本作"外可后也"。

〔 三 〕坚而能勇,是真勇也;勇而能坚,是真坚也,王端履本作"坚而能勇,勇是真坚"。

〔 四 〕坚坚勇勇,勇勇坚坚,王端履本作"勇勇坚坚"。

〔 五 〕其下手之要,妙于用揉,王端履本作"其下手之妙,要于用揉"。

〔 六 〕其法详后,王端履本作"揉之之法详后"。

〔 七 〕何卧,当为"仰卧"之误,西谛本、述古堂本作"仰卧"。

〔 八 〕缄其口气,西谛本、述古堂本、王端履本作"缄其舌气"。

〔 九 〕后绝其诸妄念,王端履本作"后绝其诸妄"。

〔一〇〕渐至如一不动,西谛本、述古堂本作"渐渐至于如如不动",王端履本作"渐至如如不动"。

〔一一〕斯为合式,西谛本、述古堂本、王端履本作"是云合式"。

〔一二〕"盖揉在于是"后,西谛本、述古堂本、王端履本有"守在于是"四字。

〔一三〕庚方,王端履本作"坚凝"。

〔一四〕勿他想,西谛本、述古堂本作"万勿及他",王端履本作"万勿他
及"。

〔一五〕意随掌下,西谛本、述古堂本作"一意掌下"。

〔一六〕下,当为"不"字之误,西谛本、述古堂本、王端履本作"不"。

〔一七〕有何益哉,西谛本、述古堂本作"无有是处",王端履本作"何益
之有"。

〔一八〕持,当为"待"字之误,西谛本、述古堂本、王端履本作"待"。

〔一九〕精神、血脉悉皆附之,守之不驰,王端履本作"精神、血脉悉守而
不驰"。

〔二〇〕不惟外壮不全,而内壮亦属不坚,西谛本、述古堂本作"则外勇
亦不全,内壮亦不坚矣",王端履本作"则不惟外壮不全,内亦无
益矣"。

揉　法

夫揉之为用,意在磨砺其筋骨也。磨砺者,即揉之谓也。
其法有三段,每段百日〔一〕。

一曰揉有节候。如春月起功,功行之时,恐有春寒,难
以裹(裸)〔二〕体,只可解开襟〔三〕。次行于二月中旬,取天道
渐和,方能现身。下功渐暖〔四〕,乃为通便,任意可行也。

二曰揉有定式。人之一身,右气左血。凡揉之法,宜从
身右推向于左,是取推气入于血分,令其通融。又取胃居于
右,揉令胃宽,能多纳气。又取揉者右掌有力,用而不劳。

三曰揉宜轻浅。凡揉之法,虽曰人功,宜法天义。天地

生物,渐次不骤,气至自生,候至物成,揉之(者)〔五〕法之。但取推荡,徐徐来往,勿重勿深,久久自得,是为合式。设令太重,必伤皮肤,则生癍痱;深则伤于肌肉、筋膜,恐生热肿,不可不慎。

【校释】

〔一〕其法有三段,每段百日,王端履本作"大约其法有三段"。

〔二〕裹,当为"裸"字之误,王端履本作"裸"。

〔三〕只可解开襟,王端履本作"只可解襟"。

〔四〕下功渐暖,西谛本、述古堂本作"下功为始,向后渐暖",王端履本作"下功风日渐暖"。

〔五〕之,当为"者"字之误,西谛本、述古堂本、王端履本作"者"。

采精华法

太阳之精,太阴之华,二气交融,化生万物。古人善采咽者,久久皆仙,其法秘密,世人莫知。即有知者,苦无坚志〔一〕,且无恒心,是为虚负居诸,而成之者少也〔二〕。凡行内炼者,自初功始,至于成功,以至终身,勿论闲忙,勿及外事。若采咽之功苟无间断,则仙道不难于成。其所以采咽者,盖取阴阳精华益我神著(智)〔三〕,俾凝滞渐消,清灵日长,万病不生,良有大益!

其法日取于朔,谓与月初之交,其气方新〔四〕,堪取日精;月取于望,谓金水盈满,其气正旺,堪取月华。设朔、望月(日)〔五〕遇有阴雨,或值不暇,则取初二、初三、十六、十七,犹可凝神补取。若过此六日,则日昃月亏虚而不足取也[六]。朔取日精[七],宜寅卯时高处默对,调匀鼻息,细吸光华,合满一口,闭息凝神,细细咽下,以意送之至于中宫,是为一咽。如此七咽,静守片时,然后起行,任从酬应,毫无妨得(碍)[八]。望取月华,亦准前法,于戌亥时采吞七咽,此乃天地自然之利。惟有恒心者[九],乃能享用之;亦惟有信心,乃能取用之。此为法中之一部大功,切勿忽误也!

【校释】

〔 一 〕苦无坚志,西谛本作"况无坚心",述古堂本作"况无坚志",王端履本作"既无坚志"。

〔 二 〕而成之者少也,王端履本作"故成之少也"。

〔 三 〕著,当为"智"字之误,王端履本作"智"。

〔 四 〕其气方新,西谛本等诸本均作"其气新也"。

〔 五 〕月,当为"日"字之误,西谛本、述古堂本、王端履本作"日"。

〔 六 〕日昃月亏虚而不足取也,西谛本、述古堂本作"虚而不取也",来章氏本作"虚而不可取也"。

〔 七 〕朔取日精,西谛本、述古堂本作"取于日朔",王端履本作"取日于朔"。

〔 八 〕得,当为"碍"字之误,常熟市图书馆来章氏本作"碍"。

〔 九 〕惟有恒心者,西谛本、述古堂本、王端履本作"惟有恒者"。

服药法[一]

炼壮之功,外资于揉,内资于药。行功之际,先服药一丸,约药入胃将化之时,即行揉功。揉与药力两相迎凑,乃为得法；过犹不及，皆无益也。行功三日，服药一次，照此为常。

【校释】

〔一〕服药法，来章氏本正文前目录作"汤洗法"。

内壮[丸]药[方]〔一〕

野蒺藜【炒去刺】，白茯苓【去皮】，白芍药【火煨、酒炒】，熟地黄【酒制】，炙甘草【蜜炙】，朱砂【各五两，水飞（水飞、各五两）〔二〕】；人参，白术【土炒】，当归【酒制〔三〕】，川芎【各一两〔四〕】。共为细末〔五〕，炼蜜为丸，重二钱。每服一丸，汤酒任下。一云多品合丸，其力不专，另立三方任用。

一方：蒺藜，炒去刺，炼蜜为丸，每服一钱或二钱。

一方：朱砂【三分，水飞过】，蜜水调下。

一方：茯苓〔六〕，去皮为末，蜜丸或蜜水调下。或作块浸蜜中，久浸愈佳，约服一钱。

【校释】

〔一〕内壮丸药方，原作"内壮药"，据来章氏本正文前目录补，武术院本作"内壮方"。

〔二〕各五两，水飞，依上下文意，当作"水飞，各五两"，其"各"字，是指前面提到的诸药而言。

〔三〕酒制，西谛本作"全酒洗"，述古堂本作"酒洗"，王端履本作"酒浸"。

〔四〕各一两，西谛本、述古堂本作"各二分"，王端履本作"各二两"。

〔五〕共为细末，西谛本、述古堂本作"皆作细末"，王端履本作"合为细末"。

〔六〕茯苓,西谛本等诸本均作"白茯苓"。

汤洗方^{〔一〕}

　　行功之时,频宜汤洗。盖取其盐能软坚,功力易入,凉能散火,不致骤热。一日一洗,或二日一洗,以此为常,功成则止。

　　地骨皮、食盐,各宜量,入煎水乘热汤洗,则血气融和,皮肤舒畅矣^{〔二〕}。

【校释】

〔一〕汤洗方,来章氏本正文前目录作"荡洗药水方"。汤洗,西谛本作"荡洗",述古堂本、王端履本作"烫洗"。下同。

〔二〕皮肤舒畅,西谛本、述古堂本作"肌肤舒畅",王端履本作"疏畅"。

初月行功法

　　初揉之时,拣择少年童子,更迭揉之^{〔一〕}。一取力小,揉扣(推)^{〔二〕}不重,一取少年血气壮盛。未揉之先,服药一丸,约药将化时,即行揉法。揉与药力一齐运行,乃得其妙。揉时,当解襟仰卧^{〔三〕},心下脐上,适当其中。按以一掌,自右向左揉之,徐徐往来均匀^{〔四〕},勿轻而离皮,勿重而着骨,勿乱动游击,斯为合式。

　　当揉之时,冥心内观,着意守中^{〔五〕},勿忘勿助,意不外驰,则精、气、神皆附注一掌之下,是为如法火候。若守中纯熟,揉推匀净,正揉之际,竟能睡熟[六],更为得法,愈于醒守也。如此行时,约略一时,时不能定,则以大香二炷为则。早、午、晚共行三次,日以为常。如少年火盛,只宜早、晚二次,恐其太骤,致生他虞[七]。行功既毕,静睡片时,清醒而起,应酬无碍[八]。

【校释】

〔一〕更迭揉之,西谛本、述古堂本作"更番揉之"。

〔二〕揉扣,西谛本、述古堂本作"揉推",当是。

〔三〕解襟仰卧,西谛本、述古堂本作"解衣仰卧"。

〔四〕徐徐往来均匀,西谛本、述古堂本作"徐徐往来,匀匀勿乱",王端履本作"徐徐往来,匀匀推荡"。

〔五〕着意守中,西谛本、述古堂本、王端履本作"守中存想"。

〔六〕睡熟,西谛本等诸本均作"熟睡"。

〔七〕致生他虞,西谛本等诸本均作"或致他虞"。

〔八〕应酬无碍,西谛本、述古堂本作"不妨应酬",王端履本作"不误应酬"。

二月行功法

初功一月,气已凝聚,胃觉宽大,其腹两旁,筋皆�邦(腾起)[一],各宽寸余。用气努之,硬如木石,便为有验。两筋(肋)[二]之间,自心至脐,软而有陷,此则是膜较深于筋,掌揉不到,不能腾起也。此时,应于前所揉一掌之旁,各揉开一掌[三],仍如前法,徐徐揉之。其中软处,须用木杵深深捣之。久则膜皆腾起,浮至于皮,与筋齐坚,全无软陷,始为全功。此揉捣之功亦准二香，日行三次，以为常则，可无火盛之虞矣。

【校释】

〔 一 〕踚邦，西谛本等诸本均作"腾起"，当是。

〔 二 〕筋，当为"肋"字之误，西谛本等诸本均作"肋"。

〔 三 〕各揉开一掌，西谛本等诸本均作"各开一掌"。

三月行功法

功满两月，其间陷处至此略起，乃用木槌轻轻打之。两旁所揉各宽一掌处，却用木槌如法捣之。又于其旁至两筋（肋）〔一〕梢，各开一掌，如法揉之。准以二香为则，日行三次。

【校释】

〔 一 〕筋，当为"肋"字之误，西谛本等诸本均作"肋"。

四月行功法

功满三月，其中三掌，皆用槌打；其外二掌，先捣后打。日行三次，俱准二香。功逾百日，则气满筋坚，膜亦腾起，是为有验。

得（行）〔一〕功轻重法

初行功时，以轻为主，必须童子，其力平也。一月之后，其气渐盛，须有力者渐渐加重，乃为合宜。切勿太重，以致动火[二]；切勿游移，或致伤皮。慎之！慎之！

【校释】

〔一〕得，当为"行"字之误，来章氏本正文前目录作"行"，西谛本等诸本均作"行"。

〔二〕以致动火，西谛本等诸本均作"或致动火"。

用功浅深法

初功用揉，取其浅也。次渐加力，是因气坚，稍为增重，仍是浅也。次功用捣，方取其深[一]。再次用打。打外虽尚属浅，而震入于内，则属深[二]。俾内外皆坚，方为有得。

【校释】

〔一〕方取其深，西谛本等诸本均作"取其深也"。

〔二〕再次用打，打外虽尚属浅，而震入于内，则属深，西谛本、述古堂本作"以次三用打，打外属浅，振内属深"，王端履本作"次之又用打，打外属浅，震内属深"。

两肋内外功夫[一]

功逾百日，气已盈满。譬之涧水平岸[二]，浮堤稍为决道[三]，则奔放他之，无处不到，无复在涧矣。当此之时，切勿用意引入四肢；所揉之外，切勿轻用槌、杵捣打。略有引导，则入四肢，即成外勇，不复来归行于骨内，不成内壮矣。

其入内之法，为一石袋，自从心口至两肋梢骨肉之间密密捣之，兼用揉法，更用打法〔四〕。如是久久，则所积盈满之气循之入骨。有此则不外溢〔五〕，始成内壮矣。内、外两支（歧）〔六〕于此分界，极当辨审，〈倘〉[不令]〔七〕其中稍有夹杂。若轻用引弓挈（弩）〔八〕拳打扑等势，则气趋行于外〔九〕，永不能复入内矣〔一〇〕。慎之！慎之！

【校释】

〔一〕两肋内外功夫，来章氏本正文前目录作"两肋分内外"。

〔二〕涧水平岸，西谛本、述古堂本作"涧水拍岸"。

〔三〕道，西谛本、述古堂本、王端履本作"导"，道、导通。

〔四〕更用打法，西谛本、述古堂本作"并用打法"。

〔五〕有此则不外溢，西谛本、述古堂本作"入骨有路，则不外溢"，王端履本作"有路则不外溢"。

〔六〕支，当为"歧"字之误，西谛本、王端履本作"歧"，述古堂本作"歧"，岐、歧通。

〔七〕倘，西谛本、述古堂本作"不令"，当是。

〔八〕挈，西谛本、述古堂本作"弩"，当是。王端履本作"努"。

〔九〕则气趋行于外，王端履本作"即趋于外"。

〔一〇〕永不能复入内矣，西谛本、述古堂本作"亦不入内"，王端履本作"不入于内矣"。

木杵木槌说

木杵、木槌皆用坚木为之〔一〕，降真香为最佳，文楠、紫檀次之，花梨、白檀、铁梨又次之。杵长六寸，中径五分〔二〕，头圆尾尖，即为合式。槌长一尺，围圆四寸，把细顶

粗,其粗之中处略高少许,其高处着肉,而两头尚有闲空,是
为合式。

【校释】

〔 一 〕为之,西谛本、述古堂本作"为主"。

〔 二 〕中径五分,西谛本、述古堂本作"中径寸半",王端履本作"中径
半寸"。

石袋说〔一〕

木杵、木槌用于肉处,其骨缝之间悉宜石袋打之。取石
头要圆净,全无棱角,大如葡萄,小如榴子,生于水中者,乃
堪入选。山中者燥,燥则火,易动;土中者郁,郁则气不畅,
皆不选也。若棱角尖硬,定伤筋骨,虽产诸水,亦不可选。袋
用细布,缝作圆个(筒)〔二〕,如未(木)〔三〕杵形样。其大者约
长八寸,其次六寸,再次五寸〔四〕。大者石用一斤,其次十二
两,小者牛(半)〔五〕斤,分置袋中,以指挑之,挨次扑打。久
久行之,骨缝之间,膜皆坚壮也。

【校释】

〔 一 〕石袋说,西谛本、述古堂本作"石袋式"。

〔 二 〕个,当其繁体"箇"与"筒"字相近而误,西谛本、述古堂本作
"筒"。

〔 三 〕未,当是"木"字之误,西谛本等诸本均作"木"。

〔 四 〕五寸,西谛本等诸本均作"三五寸"。

〔 五 〕牛,当为"半"字之误,西谛本等诸本均作"半"。

五六七八月行功法

功逾百日,心下两旁至两胁之梢,已用石袋打,而且揉矣。此处乃骨缝之交,内壮、外壮在此分界。不于此处导引向外[一],则其积气向骨缝中行矣。气循打处,遂(逐)[二]路而行,宜自心日(口)[三]打至于颈,又自胁梢打至于肩,周而复始,切不可逆打。日行三次,共准六香,勿得间断。如此百日,则气满前怀,任脉充盈,功将半矣。

【校释】

〔 一 〕不于此处导引向外,西谛本、述古堂本、王端履本作"既于此时不向外引"。

〔 二 〕遂,当为"逐"字之误,西谛本、述古堂本、王端履本作"逐"。

〔 三 〕日,当为"口"字之误,西谛本等诸本均作"心口"。

九十十一十二月行功法

功至二百日,前怀气满,任脉充盈,则宜运入脊后,以充督脉。从前之气,已至肩颈[一]。今则自肩至颈,照前打法,兼用揉法。上循玉枕,中至夹脊,下至尾闾,处处打之,周而复始,不可倒行。脊旁软处,以掌揉之,或用槌、杵随便捣打。日准六香,共行三次。或上或下,或左或右,揉打周遍。如此百日,气满脊后,能无百病,督脉充满。凡打一次,用手遍搓,令其均(匀)[二]润。

【校释】

〔 一 〕已至肩颈,西谛本等诸本均作"已上肩头"。

〔二〕均,西谛本等诸本均作"匀",当是。

配合阴阳法

天地,一大阴阳也,阴阳相交,而后万物生^{〔一〕};人身,一小阴阳也,阴阳相交,而后百病无^{〔二〕}。阴阳互用,气血交融,自然无病,无病则壮,其理分明。

然行此功,亦借阴阳交互之义,盗天地万物之元机也,如此却病。凡人身中,其阳衰者,多患痿弱虚惫之疾,宜用童子、少妇依法揉之。盖以女子外阳(阴)而内阴(阳)^{〔三〕},借取其阳,以助我之衰,自然之理也^{〔四〕}。若阳盛阴衰者,多患火病,宜用童子、少男。盖以男子外阳而内阴,借取其阴,以制我之阳盛,亦是元机。至于无病之人行此功者,则从其便。若用童男、少女相间揉之,令其阴阳各畅,行之更妙。

【校释】

〔一〕而后万物生,西谛本、述古堂本作"而后能生万物",王端履本作"而后生万物"。

〔二〕而后百病无,西谛本、述古堂本、王端履本作"而后能无百病"。

〔三〕女子外阳而内阴,当为"女子外阴而内阳"之误,西谛本、述古堂本、王端履本作"女子外阴而内阳"。

〔四〕自然之理也,西谛本、述古堂本、王端履本作"是为至理"。

下部行功法

积气至三百余日,前后任、督二脉悉皆充满,再行此下部功夫[一]，令其通贯。盖以任、督二脉，人在母胎时，原自相通；出胎以后，饮食出入，隔其前后通行之道。其督脉自上龈循顶行有（脊）[二]间，至尾闾；其任脉自承浆循胸行腹，下至会阴，两不相贯。合（今）[三]行此下部之功，则气至，可以通接而交旋矣。

行此功夫，其法在两处，其目有十段[四]。两处者，一在睾丸，一在玉茎。在睾丸，曰攒，曰挣，曰搓，曰拍；在玉茎，曰咽，曰摔，曰握[五]，曰洗，曰束，曰养。以上十字[六]，除咽、洗、束、养外，余六字用手行功。皆自轻至重，自松至紧，自驰至安[七]，周而复始，不计其数[八]。日以六香，分行三次，百日成功，则其气充满，超越万物矣。

凡攒、挣、拍、摔、握、搓六字，皆手行之，渐次轻重。若咽，则初行之始，先吸二口清气[九]，以意咽下，默送至胸；再吸一口，送至脐间；又吸一口，送至下部行功处，然后乃行攒、挣等功。握字功，皆用努气至顶，方为有得[一〇]，日以为常。洗者，以药水逐日荡洗一次，一取透（通）[一一]和气血，一取苍者（老）[一二]皮肤。束字者，功毕洗毕，用软帛作绳束其根茎，松紧适宜，取其常伸不屈之意。养者，功成物壮，百战胜人[一三]是其本分。犹恐其嫩，或致他虞，先用旧鼎时或养之。养之者，宜安闲温养[一四]，切勿驰骋，务（毋）令惯战，然后能无敌矣。行满百日，久久益佳。弱者强，柔者刚，缩者长，病者康，居然烈丈夫。虽木石、铁槌，亦无所惮。以之鏖战，应无敌手；以之采取[一五]，可得[一六]元珠；以之延嗣[一七]，则百斯男。吾不知天地间，更有何药大于是汝（法）〔一八〕？

【校释】

〔一〕再行此下部功夫，西谛本、王端履本作"乃行下部工夫"，述古堂本作"乃行下部功夫"。

〔二〕有，当为"脊"字之误，西谛本、述古堂本、王端履本作"脊"。

〔三〕合，当为"今"字之误，西谛本、述古堂本作"今"。

〔四〕其目有十段，西谛本、述古堂本、王端履本作"其目有十一段"。

〔五〕摔、握，西谛本作"牵、抚、握"，述古堂本作"牵、抚、搓"，王端履本作"摔、握、揉"，武术院本作"摔、牵、抚、握"。

〔六〕以上十字，西谛本、述古堂本、王端履本作"以上十一字"。

〔七〕自驰至安，西谛本等诸本均作"自勉至安"。

〔八〕不计其数，西谛本、述古堂本作"不计遍数"。

〔九〕先吸二口清气，西谛本等诸本均作"先吸清气一口"。

〔一〇〕方为有得，西谛本等诸本均作"乃为得力"。

〔一一〕透，当为"通"字之误，西谛本作"通和气血"，述古堂本作"通和血气"，王端履本作"通畅气血"。

〔一二〕者，当为"老"字之误，西谛本等诸本均作"老"。

〔一三〕百战胜人，西谛本、述古堂本、王端履本作"鏖战胜人"。

〔一四〕宜安闲温养，西谛本、述古堂本、王端履本作"谓安闲温养"。

〔一五〕以之采取，王端履本作"以此采取"。

〔一六〕可得，述古堂本、王端履本作"即得"。

〔一七〕以之延嗣，王端履本作"用之祈嗣"。

〔一八〕汝，当为"法"字之误，常熟市图书馆来章氏本作"法"。吾不知天地间，更有何药大于是汝（法），述古堂本作"吾不知天地间，更有何乐孰大于是"。

行功禁忌

　　自上部初功起至此凡三百余日,勿多进(近)〔一〕内。盖此功以积气为主,而精神随之。初功百日内,全宜忌之;百日功毕后,方可进(近)内一次,以疏通其留澄(滞)〔二〕。多不过二次〔三〕,切不可三次〔四〕。向后,皆同此意。至行下部功时,五十日间疏放一次,以去其旧,令生其新。以后慎加保守,此精乃作壮之本,万勿浪用。俟功成气坚,收放在我,顺施在人,进(近)内则其道非凡,不可以价值论也。

【校释】

〔 一 〕"进内",西谛本等诸本均作"近内",当是。下同。

〔 二 〕留澄,西谛本作"留滞",当是。

〔 三 〕多不过二次,西谛本作"多或两次",述古堂本、王端履本作"多或二次"。

〔 四 〕切不可三次,西谛本、述古堂本作"切不可三也",王端履本作"切不可三"。

下部洗药方

　　行此下部功,当用药水日日汤洗,不可间断。盖取药力通气和血〔一〕,苍老皮肤,又且解热退水(火)〔二〕,不致他变也。

　　法用:蛇床子、地骨皮、甘州(草)〔三〕各量,用煎汤,洗温□□□□缓汤之〔四〕,日一二次,以为常则。

【校释】

〔 一 〕通气和血,西谛本、述古堂本、王端履本作"通和气血"。

〔二〕水，当为"火"字之误，西谛本、述古堂本、王端履本作"火"。

〔三〕州，当为"草（艸）"字之误，王端履本作"草"。

〔四〕洗温□□□□缓汤之，西谛本作"先温后热，缓缓荡之"，述古堂本、王端履本作"先温后热，缓缓烫之"。

用 战

精、气与神炼至坚固，用立根基，希仙作仙（佛）〔一〕，能勇精进也。设人缘未了，用之临敌对垒时，其切要处在于意有所寄。气不外驰，则精自不狂，守而下（不）〔二〕走。设欲延嗣，则按时审候，应机而射，一发中的，无不孕者；设欲鏖战，则闭气存神，按队行兵，自能无敌。若于下炼之时，加吞剑、吹吸等功根（相）〔三〕间行熟，则为泥水采补最上神锋也。

【校释】

〔一〕仙，当为"佛"之误，述古堂本、王端履本作"佛"。

〔二〕下，当为"不"字之误，述古堂本作"不"。

〔三〕根，当为"相"字之误，述古堂本、王端履本作"相"。

内壮神勇

壮有内外。前虽言分量（两）〔一〕，尚未究竟，此再明之。户（自）〔二〕行胁肋打揉之功，气入骨分，令至任、督二脉气充遍满〔三〕，前后交接矣。尚未见力，何以言勇？盖以气未到手也。

法用石袋照前打之。先用（从）〔四〕右肩以次打下，至于右手中指之背，又从肩背后打至大指、食指之背，又从肩

前打至无名指、小指之背,后从肩里打至掌内大指、食指之
梢[五],又从肩外打至掌内中指、无名指、小指之梢。打毕,
用手处处搓揉,令其匀和。日限六香,分行三次,时常汤
洗,以疏气血[六]。功毕百日[七],其气始透。乃行左手,仍
准前法,功亦百日。至此,则从骨中生出神力,久久加功,
其臂腕、指掌迥异寻常,以意努之,硬如铁石。并其指,可
惯(贯)[八]牛腹;侧其掌,可断牛头[九],然此皆小用之末
技也。

【校释】

〔一〕量,当为"两"字之误,西谛本、述古堂本作"两"。此句西谛本
　　作"前虽分两",述古堂本作"前虽言分两段"。

〔二〕户,当为"自"字之误,常熟市图书馆来章氏本作"自"。

〔三〕气充遍满,西谛本、述古堂本作"一气充满"。

〔四〕用,当为"从"字之误,西谛本、述古堂本作"从"。

〔五〕后从肩里打至掌内大指、食指之梢,西谛本作"又从肩里打至
　　大指、食指之梢",述古堂本作"又从肩里打至掌内大指、食指之
　　稍"。

〔六〕以疏气血,西谛本作"以疏血气"。

〔七〕功毕百日,西谛本、述古堂本作"功满百日"。

〔八〕惯,当为"贯"字之误,西谛本、述古堂本作"贯"。

〔九〕可断牛头,西谛本、述古堂本作"可断牛领"。

炼手余功

行功之后,余力炼手[一],其法常以热水[二]频频汤洗。

初温次热，最后大热，自掌至腕，皆令周遍。汤〔三〕毕，不用拭干〔四〕，即乘热摆撒其掌，以至自干。摆撒之际，以意努气，至于指尖〔五〕，是生力之法。又以黑、绿二豆拌置斗中，以手插豆，不计其数〔六〕。一取汤洗和其血气〔七〕，一取二豆能去火毒〔八〕，一取磨砺坚其皮肤。如此功久，则所积之气〔九〕，行至于手而力充矣，其皮肤、筋膜两坚，着骨不软不硬〔一〇〕。如不用之时，与常人无异；用时，注意一努，坚如铁石，以之御物〔一一〕，莫能当此〔一二〕。

盖此力自骨中生出，与世俗所谓外壮迥不相同。内外之分，看筋可辨：内壮者，其筋条畅，其皮细腻，而其力极重〔一三〕；若外壮者，其皮粗老，其掌与腕，处处之筋尽皆盘结〔一四〕，壮（状）如蚯蚓（蚓）浮于皮外〔一五〕。而其力虽多，终无基本。此内外之辨也。

【校释】

〔一〕行功之后，余力炼手，西谛本、述古堂本作"炼手用功之后"。

〔二〕热水，西谛本、述古堂本作"药水"。

〔三〕汤，西谛本作"荡"，述古堂本作"烫"，下同。

〔四〕不用拭干，西谛本、述古堂本作"勿拭"。

〔五〕至于指尖，西谛本、述古堂本作"至于大指梢"。

〔六〕不计其数，西谛本、述古堂本作"不计遍数"。

〔七〕和其血气，西谛本、述古堂本作"和其气血"。

〔八〕能去火毒，西谛本、述古堂本作"能解火"。

〔九〕则所积之气，西谛本、述古堂本作"则从前所积之气"。

〔一〇〕其皮肤、筋膜两坚，着骨不软不硬，西谛本、述古堂本作"其皮肉、筋膜与骨相着而不软弱"。

〔一一〕以之御物，西谛本、述古堂本作"以之击挞"。

〔一二〕莫能当此，西谛本、述古堂本作"物莫能当"。

〔一三〕而其力极重，西谛本、述古堂本作"而力极重"。

〔一四〕盘结，西谛本、述古堂本作"蟠结"。

〔一五〕壮，当为"状"字之误，西谛本作"状"。蚰，当为"蚓"字之误，西谛本、述古堂本作"蚓"。

外壮神力八段锦〔一〕

内壮既得，骨力坚凝，然后可以引达于外。盖以其内有根基〔二〕，由中达外，方为有本之学〔三〕。炼外之功，概此八法：曰提，曰举，曰推，曰拉，曰揪，曰按，曰抓，曰盈〔四〕。依此八法，努力行之，各行一遍，周而复始，不计其数〔五〕，亦准六香，日行三次，久久成功〔六〕，力充周身〔七〕。用时照法取力，无不响应，骇人听闻。古所谓手托城闸、力能举鼎〔八〕，俱非异事。其八法，若逐字单行〔九〕，以次相及。更为精专〔一〇〕，任从其便。

【校释】

〔一〕外壮神力八段锦，来章氏本正文前目录作"外壮神勇八段锦"。

〔二〕盖以其内有根基，西谛本、述古堂本作"盖以其根在内"。

〔三〕方为有本之学，西谛本、述古堂本作"有本之学也"。

〔四〕盈，西谛本、述古堂本作"坠"。

〔五〕不计其数，西谛本、述古堂本作"不计遍数"。

〔六〕久久成功，西谛本、述古堂本作"久久功成"。

〔七〕力充周身，西谛本、述古堂本作“则力充于周身矣”。

〔八〕力能举鼎，西谛本、述古堂本作“力扛鼎”。

〔九〕若逐字单行，西谛本、述古堂本作“皆逐字单行”。

〔一〇〕更为精专，西谛本、述古堂本作“更为专精”。

神勇余功

内外两全，方称神勇。其功既成〔一〕，以后常宜演炼，勿轻放逸。一择园木诸树大而且茂者〔二〕，是得木本土旺相之气，与众殊也。有暇之时，即至树下〔三〕，任意行功。或搥或扢，或推拉踢拔，诸般作势〔四〕，任意为之。盖取得其生气以生我力〔五〕，而又取暇以成功也〔六〕。一择山野挺立大石秀润完好殊众者〔七〕，时就其旁〔八〕，亦行推、按种种字法，时常演之。盖木石得天地之钟英〔九〕，我能取之，良有大用。稽古大舜与木石居，非慢然〔一〇〕也。

【校释】

〔一〕其功既成，西谛本、述古堂本作“其功毕矣”。

〔二〕一择园木诸树大而且茂者，西谛本作“一择园林诸树之大且茂者”，述古堂本作“一择园林诸树之中大且茂者”。

〔三〕即至树下，西谛本、述古堂本作“即至树所”。

〔四〕诸般作势，西谛本、述古堂本作“诸般技艺”。

〔五〕以生我力，述古堂本作“又取势以生力”。

〔六〕而又取暇以成功也，西谛本、述古堂本作“又取以暇成功也”。

〔七〕秀润完好殊众者，西谛本、述古堂本作“秀润完好殊于众者”。

〔八〕时就其旁，西谛本、述古堂本作“特就其旁”。

〔九〕盖木石得天地之钟英,西谛本、述古堂本作"盖木与石实得天
　　　地、金木之精英"。

〔一〇〕慢然,依上下文意,当作"谩然",欺骗,说谎。述古堂本作"谤
　　　语"。

［贾］力运力势法［说］〔一〕

其法用意蓄气周身处处,初立运之。立必捉直,彻顶
踵〔二〕,无懈骨。卷肱〔三〕,掌指稍屈,两足齐踵,相去数寸
立定。两手从上如按物难下状,凡至地,转腕,从下托物难
上,过其顶。两手则又攀物难下而至肩际,转腕,掌向外,微
拳之,则卷肱,立如初,乃卷两肱开向后者三,欲令气不匿
膺〔四〕间也。却舒右肱拦之,欲右者以左逮于左之爪,相
向〔五〕矣。如将及之,则左手撑而极左,右手拉而却右。左射
引满,引满右肱,卷如初矣;则舒左肱拦,右手撑,左手扯且
满以右法〔六〕。左右互者各三之,则卷两肱,立如初。

左手下附左外踝,踝、掌竞劲相切〔七〕也,则以右手推物
使左倾。倾矣,顾曳〔八〕之,使右倚肩际。如是者三之。则右
手以下,以左法左推曳之。以右法者三之,则卷两肱,立如
初。平股掇重者〔九〕,举势极则拔,盖至乳旁而攀矣。握固腹
则(侧)〔一〇〕,左右间不附腹也。高下视脐之轮,则劈右拳,
据右肩旁一强物至左足外踝,转腕托上,托尽而肱且右,则
扳而下至右肩际拳之,右拳据右腰眼。左右互者各三之,徐
张后两拳而前交。又指上举,势极则转腕。举者,掌下十指

端上也；扳者，掌上十指端下也。又，掌上拱，手（首）项负筐〔一〕，腋下皆为举扳焉。

就其势倒而左，几左，足外地，以前势起，倒而左右互者各三之。凡人倒左者，左膝微诎〔一二〕也；倒右者，右膝微诎也。不诎者，法〔一三〕也。乃取盐汤壮温者，濯右手，背指濡之，平直右肱横挥之而燥，则濯左。左挥右燥，复左右互者各三之，挥且数十矣，自是两肱不复卷矣。乃蹬右足数十次，乃其期〔一四〕蹬以其踵，则抵之颈，以其趾或绊之〔一五〕也，则屹立敛足，举前踵顿地〔一六〕数十。已而〔一七〕，两足蹲立，相去以尺，乃挥右拳前击数十，左之〔一八〕，乃仰卧，复卷肱如立时然，作振脊欲起者数十而工竣〔一九〕焉。

凡用势左右，必以其脊，但凡蓄气，必迄其功。凡工日二三，必微饮后及食后一时行之。行之时，则以拳遍自捶，勿使气有所不行。时揸五指头〔二○〕捣户壁，凡按久，而作木石声。为作屈肘前上之，屈拳前上之。卧必侧面，上手拳而杵席作卧〔二一〕，因其左右，其拳指握固。

【校释】

〔一〕力运力势法，来章氏本正文前目录作"贾力运力势法说"，当是。
　　　　贾，求取之意，如《国语·晋语八》曰："谋于众，不以贾好。"
〔二〕彻，通达、贯通；踵，脚后跟。
〔三〕卷肱，把胳膊弯曲。
〔四〕膺，胸也。如唐代李白的《蜀道难》诗有句云："以手抚膺坐长叹。"
〔五〕相向，即相对之义。
〔六〕此段所述犹如传统站式"八段锦"中的"左右开弓似射雕"。

〔 七 〕切,切近、切合之义。

〔 八 〕顾,回头看;曳,牵拉、伸展之义。

〔 九 〕平股掇重,其意是两手自然下垂至大腿旁,如有重物在手而用
      力抓提。

〔一〇〕握固,以四指握大拇指成拳,仿胎儿之状,男左女右,为传统导
      引的养生方法之一,尤多见于道教的内丹术中,如晋朝葛洪的
      《抱朴子》中就有"握固守一"之说。   腹则,天津大学1994
      年影印的来章氏本《易筋洗髓经》(下简称"天津影印本")作
      "腹侧",当是。

〔一一〕手项负筐,天津影印本作"首项负筐",当是。其义犹如太极拳
      中要求的"虚领顶劲"。

〔一二〕诎,弯曲之义,如《荀子·劝学》曰:"诎五指而顿之。"

〔一三〕法,即要求也。

〔一四〕期,期望、要求。如《韩非子·五蠹》曰:"是以圣人不期修古,不
      法常可。"

〔一五〕以其趾或绊之,其意犹如传统站式"八段锦"中的"两手攀足固
      肾腰"。

〔一六〕前踵顿地,即两前脚掌支地而后脚跟颠起,随即自然下落,犹如
      传统站式"八段锦"中的"背后七颠百病消"。

〔一七〕已而,随后之义,如宋代欧阳修的《醉翁亭记》曰:"已而夕阳在
      山,人影散乱,太守归而宾客从也。"

〔一八〕左之,即左拳像右拳那样前击数十。

〔一九〕工竣,即练功结束之义。

〔二〇〕揸五指头,把五指头伸开。

〔二一〕上手拳而杵席作卧,其意为将手拳弯曲作枕而卧。

[十二势图]〔一〕

韦驮〔二〕献杵第一势

定心息气,身体立定,两手如拱,心存静极。

韦驮献杵第二势

韦驮献杵第三势

摘星换斗势

　　单手高举，掌须下覆。目注两掌，吸气不呼，鼻息调匀。用力收回，左右同之。

出爪亮翅势

掌向上分,足指挂地。两胁用力,并腿立直。鼻息调匀,目观天门[三]。牙咬,舌抵上腭,十指用力,腿直。两拳收回,如挟物然。

倒拽九牛尾势

小腹运气,空松前跪,后腿伸直。二目观拳,两膀用力。

九鬼拔马刀势

单膀用力，夹抱颈项。自头收回，鼻息调匀。两膝直立，
左右同之。

三盘落地势

目注牙呲，舌抵上腭。睛瞪口裂，两腿分跪。两手用力
抓地，反掌托起，如托子金（千斤）〔四〕，两腿收直。

青龙探爪势

肩背用力，平掌探出。至地围收，两目注平。

卧虎扑食势

膀背十指用力，两足蹲开，前跪后直，十指挂地^{〔五〕}，腰平头昂，胸向前探。鼻息调匀，左右同之。

打躬势

两肘用力,夹抱后脑。头前用力探出,牙咬,舌抵上腭。躬身低头至腿,两耳掩紧,鼻[息]调匀[六]。

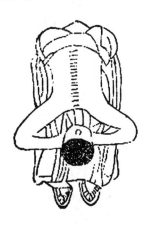

工尾势[七]

膝直,膀伸躬鞠,两手交推至地。头昂目注,鼻息调匀,徐徐收入。脚根顿地二十一次,左右膀伸七次。盘膝静坐,口心相注,闭目调息,定静后起。

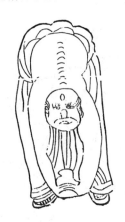

此功昉〔八〕自释门，以禅定为主。将欲行持，先须闭目冥心，握固神思，屏去纷扰，澄心调息。至神气疑（凝）定〔九〕，然后依次如式行之。必以神贯意注，毋得徒具其形。若心君〔一〇〕妄动，神散意驰，便为徒劳其形，而弗获实效。初炼动式，必心力兼到。静式默数三十，数日渐加，增至百数为止。日行三次，百二十日成功。气力兼得，则可日行二次；气力能凝且坚，则可日行一次。务至意心（念）〔一一〕不兴乃成。

【校释】

〔一〕十二势图，原无，据来章氏本正文前目录补。

〔二〕韦陀，本是婆罗门的天神，后被佛教吸收为护法神之一，又称"韦驮菩萨"，其形像英俊轩昂，身披甲胄，手持金刚杵。

〔三〕天门，指鼻子。如《老子》第十章曰："天门开阖，能为雌乎？"河上公注："天门谓鼻孔，开谓喘息，阖谓呼吸也。"

〔四〕子金，天津影印本作"千斤"，当是。

〔五〕十指挂地，常熟市图书馆来章氏本作"十指拄地"。

〔六〕鼻调匀，依上下文意，当作"鼻息调匀"，今补。

〔七〕工尾势，后来有些文本中又作"掉尾势"，如光绪年间王祖源的《内功图说》中即为"掉尾势"。

〔八〕昉，开始。如《列子·黄帝》曰："众昉同疑。"晋人张湛注："昉，始也。"

〔九〕疑定，天津影印本作"凝定"，当是。

〔一〇〕《素问·灵兰秘典论》："心者，君主之官，神明出焉。"宋代张伯端的《玉清金笥青华秘文金宝内炼丹诀·心为君论》曰："心者神之舍也，心者众妙之理，而主宰万物。"显然，此说是秉承了古代中医学而来。

〔一一〕心，当为"念"字之误，常熟市图书馆来章氏本作"念"。

十八炼录

搓膀腕法

行功毕，先伸左膀，用人以两手合擎虎口〔一〕，用力搓之，由渐而增。如初搓，以十数把渐加至百把为度，右亦如之。务使两膀手腕发热透骨。

【校释】

〔一〕虎口，即中医学中的合谷穴位，在手背的拇指、食指之间。

挞炼手足

初炼量力。缝做夹布口袋一个，装米砂五六十斤，悬挂架上。用功毕，常用掌推、拳击、足踢、脚蹬，务致动摇，仍用拳脚踢打。迎送日久，渐加砂袋斤重。

炼指法

量自力之大小，拣圆净一二斤重石子一个，用五指抓拿，撒手掷下，不令落地，仍用手指赶抓。如是掷抓，初惟十数次，日久渐加次数暨石子斤数，则五指自觉有力矣。

又法，每于坐时，不拘时刻，以左右五指着座，微欠身躯〔一〕，指自出力。无论群居独座（坐）〔二〕，皆可行之，日久自能见效。

【校释】

〔 一 〕微欠身躯,当是因左右五指用力而使身体微微离座产生的前倾
　　　样子。

〔 二 〕座,依上下文意,当为"坐"字之误。

易筋经附录总目下卷

玉环穴说

经验药方【四则】^{〔一〕}

木杵木槌图^{〔二〕}

任脉图说【凡二十四穴】^{〔三〕}

督脉图说【凡二十七穴】^{〔四〕}

骨　数

筋　络

气血说

外壮八段锦图【佚】^{〔五〕}

八段锦余功^{〔六〕}

【校释】

〔一〕经验药方(四则),正文作"附录经验药方"。

〔二〕木杵木槌图,正文作"木杵图""木槌图"。

〔三〕任脉图说(凡二十四穴),正文作"任脉之图"。

〔四〕督脉图说(凡二十七穴),正文作"督脉之图"。

〔五〕外壮八段锦图(佚),无正文,仅存目。

〔六〕八段锦余功,无正文,仅存目。

易筋经附录下卷

来章氏辑

玉环穴说

《天录(禄)识余》〔一〕云 :"《铜人针灸图》载脏腑一身俞穴〔二〕,有玉环余(俞)〔三〕,不知玉环是何物。张紫阳《玉清金华秘文》论神仙结丹处曰〔四〕:心下肾上,脾左肝右,生门在前,密户居后,其连如环,其白如绵,方圆径寸,包裹一身之精精(粹)〔五〕,此即玉环。医者论诸种骨蒸〔六〕,有玉房蒸〔七〕,亦是玉环。其处正与脐相对,人之今(命)脉根蒂也。"

《斋(言)鲭》〔八〕云 :"一气之运行,出入于身中。一时凡一千一百四十五息,一昼夜计一万三千七百四有(十)〔九〕息。至入(人)之息以踵〔一〇〕,存于至深渊默之中,气行无间,绵绵若存,寂然不动,与道同体。若盛气哭号,扬声吟诵,吹笛长歌,多言伤气,皆非养生之道。"

《遵生八笺》〔一一〕曰 :"凡存心中有日象大如钱,在心中

赤色,有光芒,从心中上出喉至齿间,即不出,起(却)^{〔一二〕}回
还胃中。如此良久,临目存见心中、胃中分明^{〔一三〕},乃吐气,讫,
咽液三十九遍止。一日三为之,日出时,食时,日中时行之。一
年除疾,五年身有光彩,十八年得道,日中行无影,辟百邪千灾之
气。常存日在心,月在泥丸中。昼服日,夜服月。服月法:存月
光芒白色,从脑中[下]^{〔一四〕}入喉,文复(芒亦)^{〔一五〕}至齿而咽入
胃。一云:常存月一月(日)至十五日已前服^{〔一六〕},十[五]日^{〔一七〕}
已后不服。月减光芒,损天气,故即止也^{〔一八〕}。"

【校释】

〔 一 〕录,当为"禄"字之误。《天禄识余》,共八卷,为清初著名学者高
　　　士奇(1645—1704)所编。自"《铜人针灸图》载脏腑一身俞穴"
　　　至"人之今(命)脉根蒂也",出自《天禄识余》卷三之"玉环俞"
　　　条。本书所校,依齐鲁书社1995年出版的《四库全书存目丛
　　　书》影印清康熙刻本。

〔 二 〕《铜人针灸图》,即指宋代著名医学家王惟一(约987—1067)于
　　　天圣年间(1023—1032)所编著的《铜人腧穴针灸图经》。俞
　　　穴,即穴位。俞,又作"腧"。

〔 三 〕余,当为"俞"字之误,《天禄识余》原文作"俞"。

〔 四 〕张紫阳,即宋代著名内丹学家张伯端(983—1082),字平叔,号
　　　紫阳,浙江天台人,他由儒入道,被后人尊称为"紫阳真人"。文
　　　中的《玉清金华秘文》或即张紫阳晚期所著的《玉清金笥青华秘
　　　文金宝内炼丹诀》,亦简称《青华秘文》,是张紫阳内丹学说的重要
　　　体现。但是,据中华书局1990年出版的《悟真篇浅解》中收录的
　　　《青华秘文》二十四则内容,不见其所云的"论神仙结丹处"。

〔 五 〕精精,当为"精粹"之误,《天禄识余》原文作"精粹"。

〔 六 〕骨蒸,中医里的病症名称,又称骨蒸热痨,多因阴虚内热所致。

〔 七 〕玉房蒸,中医里的病症名称,隋代巢元方的《诸病源候论·虚劳
　　　　骨蒸候》曰:"玉房蒸,男则遗沥漏精,女则月候不调。"

〔 八 〕吝,当为"言"字之误。《言鲭》一书,上、下二卷,乃清康熙年间
　　　　吕种玉所编撰。自"一气之运行"至"皆非养生之道",出自《言
　　　　鲭》卷上之"生气息"条。本书所校,依齐鲁书社1995年出版
　　　　的《四库全书存目丛书》影印清康熙刻本。

〔 九 〕有,依上下文意,当为"十"字之误。

〔一〇〕入,当为"人"字之误,《言鲭》原文作"人"。此语源出《庄
　　　　子·大宗师》,其曰:"真人之息以踵,众人之息以喉。"

〔一一〕《遵生八笺》,古代著名养生专著,为明代高濂所编撰,全书共
　　　　十九卷,分为《清修妙论笺》《四时调摄笺》《起居安乐笺》《延
　　　　年却病笺》《饮馔服食笺》《燕闲清赏笺》《灵秘丹药笺》《尘
　　　　外遐举笺》八笺。文内所引《遵生八笺》内容,出自《延年却病
　　　　笺》。本书所校,依文渊阁《四库全书》本。

〔一二〕起,依上下文意,当为"却"字之误。

〔一三〕心中、胃中分明,是指上文所说的心中所存日象及"从心中上出
　　　　喉至齿间,即不出,起(却)回还胃中"的赤色光芒。

〔一四〕从脑中入喉,"中"后疑脱一"下"字,《遵生八笺》原文作"从脑
　　　　中下入喉"。

〔一五〕文复,《遵生八笺》原文作"芒亦",当是。

〔一六〕一月,当为"一日"之误,《遵生八笺》原文作"一日"。已,通
　　　　"以",已前,即"以前"。

〔一七〕十日,当为"十五日"之误,《遵生八笺》原文作"十五日"。

〔一八〕《遵生八笺·延年却病笺》中的这段文字名"服日月光芒法",
　　　　乃集北宋张君房所编《云笈七签》卷二三中辑录的"大方诸宫

服日月芒法"和"服日月六器法"而成。"大方诸宫服日月芒法"
曰:"常存心中有日象大如钱,在心中赤色。又存日有九芒,从
心中出喉至齿间,而芒回还胃中。如此良久,临目存自见心、
胃中分明,乃吐气,漱液、服液三十九过止。一日三为之,行之
十八年得道,行日中无影。恒存日在心,月在泥丸宫。夜服月
华,如服日法。存月十芒,白色,从脑中下入喉,芒亦未出齿而
回入胃。""服日月六气法"曰:"若存月,当以月一日夜至十五
日住,从十六日至三十日是月气衰损,天胎亏缩,不可以夜存
也。此法至妙,能行者仙。"

附录经验药方

打虎状元丹

人参[一]【一两】,鹿茸[二]【二对】,朱砂[三]【四两】,附子[四]
【三两】,远志[五]【八两】,牛膝[六]【四两】,木瓜[七]【四两】,白蒺
藜[八]【四两】,肉苁蓉[九]【四两】,巴戟[一〇]【四两】,川乌[一一]【四
两】,白茯苓【四甫(两)】[一二],杜仲[一三]【四两】,麦冬[一四]【四两】,枣
仁[一五]【四两】,天冬[一六]【四两】,砂仁[一七]【四两】,蛇床子[一八]
【四两】,木香[一九]【二两】。

共为细末,炼蜜为丸,每服一钱,或黄酒或盐汤下。

【校释】

〔 一 〕人参,中药名,具有补五脏、安精神、定魂魄、止惊悸、除邪气及
　　　明目益智等功效。

〔 二 〕鹿茸,中药名,具有补肾壮阳、益精生血及强筋健骨等功效。

〔 三 〕朱砂,中药名,即硫化汞,具有解毒防腐等功效。

〔四〕附子,中药名,具有回阳救逆、补火助阳及祛寒止痛等功效。

〔五〕远志,中药名,具有宁心安神、祛痰利窍及消痈散结等功效。

〔六〕牛膝,中药名,具有逐瘀通经、补肝肾、强筋骨、利尿通淋等功效。

〔七〕木瓜,中药名,具有疏筋活血、化湿和胃等功效。

〔八〕白蒺藜,中药名,具有疏肝解郁、祛风明目等功效。

〔九〕肉苁蓉,中药名,具有补肾阳、益精血及润肠道等功效。

〔一〇〕巴戟,中药名,具有补肾阳、强筋骨及祛风湿等功效。

〔一一〕川乌,中药名,具有温经散寒、祛风除湿等功效。

〔一二〕白茯苓,中药名,具有利水渗湿、益脾和胃、宁心安神等功效。
　　　甫,依上下文意,当作“两”。

〔一三〕杜仲,中药名,具有补肝肾、强筋骨及安胎等功效。

〔一四〕麦冬,中药名,具有养阴润肺、清热除烦及益胃生津等功效。

〔一五〕枣仁,中药名,具有养心、安神及敛汗等功效。

〔一六〕天冬,中药名,具有滋阴润燥、清肺降火等功效。

〔一七〕砂仁,中药名,具有化湿行气、温中止泻及开胃安胎等功效。

〔一八〕蛇床子,中药名,具有温肾壮阳、燥湿祛风等功效。

〔一九〕木香,中药名,具有行气止通、健脾和胃等功效。

又　方

朱砂、当归〔一〕【各一两】,白蒺藜【四两】,陈皮〔二〕【四两】,甘草〔三〕【三钱】,人参【五钱】,肉桂〔四〕【五钱】,白术〔五〕【一两,炒】,良姜〔六〕【四钱,滚水泡去皮,夏用一钱】,大附子【一两】〔七〕,连翘〔八〕【二钱】,遂仁〔九〕【少许】。

夏加茯苓【二钱】,上行加川芎【一钱】,中行加杜仲【一钱】,

手行加肉桂【一钱】,腿行加牛膝【一钱】,脾行加防已〔一〇〕【一钱】。紫苏〔一一〕,夏加五钱,冬加一两。

共为细末,炼蜜为丸,白水下。

【校释】

〔 一 〕当归,中药名,具有补血和血、润燥滑肠等功效。

〔 二 〕陈皮,中药名,具有理气健脾、燥湿化痰等功效。

〔 三 〕甘草,中药名,具有清热解毒、祛痰止咳等功效。

〔 四 〕肉桂,中药名,具有补火助阳、散寒止痛及温经通脉等功效。

〔 五 〕白术,中药名,具有健脾益气、燥湿利水、止汗安胎等功效。

〔 六 〕良姜,中药名,具有温脾胃、祛风寒及行气止痛等功效。

〔 七 〕大附子,中药名,具有回阳救逆、补火助阳、逐风寒湿邪等功效。
　　　　一两,常熟市图书馆来章氏本作"一钱"。

〔 八 〕连翘,中药名,具有清热解毒、消痈散结等功效。

〔 九 〕遂仁,中药名,具有舒肝理气等功效。

〔一〇〕防已,中药名,具有利水消肿、解毒排脓等功效。

〔一一〕紫苏,中药名,具有散寒解表、理气宽中及降气消痰等功效。

大力丸

土蒺藜【炒半斤】,全当归【酒炒,四两】,牛膝【酒炒,四两】,枸相(杞)〔一〕【四两】,鱼胶〔二〕【四两】,续断〔三〕【四两】,补骨脂【盐水沙(炒)〔四〕,四两】,兔丝饼〔五〕【四两】,螃蟹【炒黄〔六〕,半斤】,虎头〔七〕【四两,酥炙,要前腿骨】。

右药共为细末,炼蜜为丸,每服三钱,清晨黄酒下。

【校释】

〔 一 〕枸相，当为"枸杞"之误，中药名，具有滋阴补血、益精明目等功效。

〔 二 〕鱼胶，指用鱼类的鳞、皮、骨等作原料制成的动物胶或明胶。

〔 三 〕续断，中药名，具有补肝肾、续筋骨、和血脉等功效。

〔 四 〕补骨脂，中药名，具有温肾壮阳、固精缩尿及纳气止泻等功效。沙，依上下文意，当为"炒"字之误。

〔 五 〕兔丝饼，疑即菟丝子。菟丝子，中药名，具有补肾固精、养肝明目及健脾止泻等功效。

〔 六 〕螃蟹，种类较多，大致有淡水蟹和海水蟹之分，有养筋益气、理胃消食、解结散血及散诸热、通经络等功效。文中的所谓"炒黄"，为中药炮炙方法之一，即将药材置热锅中，用文火炒至表面微黄。

〔 七 〕虎头，中医文献里无此药名，依小注中的"要前腿骨"之语，或是"虎骨头"之误。虎骨头，即虎骨，中药名，具有祛风寒、健筋骨及镇惊等功效。

洗手仙方

川乌、草乌〔一〕、南星〔二〕、蛇床〔三〕【各一两】，半夏〔四〕、百部〔五〕、花椒〔六〕、狼毒〔七〕、透骨草〔八〕、藜芦〔九〕、龙骨〔一〇〕、海牙（芽）〔一一〕、地骨皮、紫花地丁〔一二〕【各一两】，青盐〔一三〕【四两】，硫黄〔一四〕【一块，二两】。醋五碗，水五碗，熬至七碗。每日荡洗，止用三料全效。

历见壮筋骨药方，率〔一五〕皆欲速见效，妄投猛烈药物，虽气力遽见增长，而致戕生〔一六〕者颇多。是以余抄集经验方内,择其屡经屡验、药性平温不致决烈者录之,以为用功之一助云尔。

【校释】

〔一〕草乌,中药名,具有散寒止通、搜风胜湿及开顽痰、消疮肿等功效。

〔二〕南星,中药名,具有燥湿化痰、祛风止痉及散结消肿等功效。

〔三〕蛇床,即蛇床子。

〔四〕半夏,中药名,具有燥湿化痰、降逆止呕及消痞散结等功效。

〔五〕百部,中药名,具有润肺止咳、灭虱杀虫等功效。

〔六〕花椒,中药名,具有温中止痛、燥湿杀虫等功效。

〔七〕狼毒,中药名,具有泻水逐饮、破积杀虫等功效。

〔八〕透骨草,中药名,具有祛风除湿、疏筋活血等功效。

〔九〕藜芦,中药名,具有涌吐风痰及杀虫等功效。

〔一〇〕龙骨,中药名,为古代哺乳动物的骨骼化石,具有平肝潜阳、镇惊安神及收敛固涩等功效。

〔一一〕海牙,中医文献里无此药名,或为"海芋"之误。海芋,中药名,性大毒,具有医治瘴疟、风癫和毒肿等功效。

〔一二〕紫花地丁,中药名,具有清热解毒、凉血消肿等功效。原文中将"紫花"与"地丁"写成两种药物,当误。

〔一三〕青盐,中药名,为卤化物类矿物石盐的结晶体,具有凉血、明目等功效。

〔一四〕硫黄,中药名,为矿物硫黄提炼加工而成,具有补火壮阳、解毒杀虫等功效。

〔一五〕率,大致、一般,如西汉贾谊的《治安策》曰:"进谋者率以为是。"

〔一六〕戕,残害、杀害。戕生,即残害生命之义。

木杵图

木杵长六寸，中径寸半，头圆尾尖，即为合式[一]。

【校释】

〔一〕此语在上卷的《木杵木槌说》中已有，但文中的"中径寸半"，《木杵木槌说》为"中径五分"。

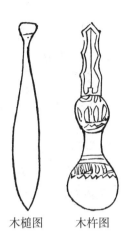

木槌图　　木杵图

木槌图

槌长一尺，围圆四寸，把细顶粗，其粗之中处略高少许，是为合式。

任脉之图

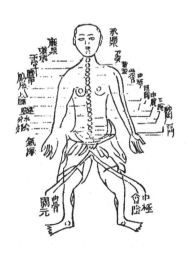

任脉者,起于中极之下,以上毛际,循腹里,上关元,何(至)〔一〕咽喉,属阴脉之海也,中行,凡二十四穴。

【校释】

〔一〕何,当为"至"字之误,常熟市图书馆来章氏本作"至"。

颐〔一〕 前

承浆一穴【一名天池,在颐前唇下陷中,是阳明之会】

【校释】

〔一〕颐,面颊。

颔〔一〕 下

廉泉一穴【在颔下结喉,上舌本,阴维任脉之会,仰而取之】

【校释】

〔一〕颔,下巴颏。

膺 腧〔一〕

天突一穴【一名玉户,在顶结喉下四寸宛宛中】

璇玑一穴【在天突下一寸陷中】

华盖一穴【在璇玑下一寸】

紫宫一穴【在华盖下一寸六分】

玉堂一穴【一名玉英,在紫宫下一寸六分】

膻中一穴【一名包络,在玉堂下一寸六分,直两乳之中间】

中庭一穴【在膻中下一寸六分】

【校释】

〔一〕腧,中医学中"腧穴"的简称。腧穴,又称孔穴、穴位,乃人体脏腑、经络之气输注于体表的部位，也是针灸、推拿等疗法重要的施术部位。膺腧，即胸部的穴位，其名最早见于《黄帝内经·灵枢》，其曰："膺腧中膺，背腧中背。"又，文中所列的膺腧七穴，与明代徐凤所编《针灸大全·周身折量法》的"膺部中行七穴"相同。

腹中行〔一〕

鸠尾一穴【在蔽骨之间，言其骨垂下如鸠状，故名。臆前取骨下五分，人无蔽骨者，从此骨之际下行一寸是也】

巨阙一穴【在鸠尾下二寸，心之幕（募）〔二〕也】

上腕（脘）〔三〕一穴【在巨阙下一寸五分，去蔽骨二寸，任脉、手太阳、足阳明之会也】

中腕（脘）一穴【在脐上四寸，胃幕（募）也。三阳任脉之会，谓上纪也】

建里一穴【在中腕（脘）下一寸】

下腕（脘）一穴【在建里下一寸，足太阳、任脉之会，为幽门】

水分一穴【在下腕（脘）下一寸】

神阙一穴【在脐中】

阴交一穴【在脐下一寸】

气海一穴【一名映丁，名下育，在阴交下五分】

石门一穴【在脐下一寸三分，瞧幕（募），女子禁灸】

关元一穴【在脐下二寸，小肠幕（募），为下纪也，三阴任脉之中】

中极一穴【在脐下四寸，一名元气，足三阴之会】

曲骨一穴【在横骨上、中极下一寸，毛际陷中动脉处，足厥阴之会】

会阴一穴【在大便前、小便后，一名尾翳，两阴间是也】

【校释】

〔 一 〕明代著名针灸家徐凤所编《针灸大全·周身折量法》中有"腹部中行十五穴"，然仅记十穴，文中的建里、下腕（脘）、水分、神阙、阴交五穴未录。

〔 二 〕幕，当为"募"字之误，假借为"膜"，下同。如《黄帝内经·灵枢·百病始生》曰："募原之间，留著于脉。"

〔 三 〕腕，当为"脘"字之误，下同。

濒湖李时珍〔一〕曰："任为阴阳（脉）〔二〕之海，其脉起于中极之下，少腹之内，会阴之分【在两阴之间】。上行而外出，循曲骨【横骨上毛际陷中〔三〕】，上毛际，至中极【脐下四寸，膀胱之幕（募）】，同足厥阴、太阴、少阴，并行腹里，循关元【脐下三寸，小肠之墓（募），三阴任脉之会】，历石门【即丹田，一名命门，在脐下二寸，三焦幕（募）也】、气海【脐下一寸，尖（半）〔四〕宛宛中，男子生气之海】，会足少阳、冲脉于阴交【脐下一寸，当膀胱上口，三焦之幕（募）】，循神阙【脐中央】、水分【脐上一寸，当小肠下口】，会足太阴于下腕【脐上二寸，当胃下口】，历建里【脐上三寸】，会手太阴、少阳、足阳明于中腕（脘）【脐上四寸，胃之幕（募）也】，上上腕（脘）【脐上五寸】、目（巨）阙〔五〕【为尾下一寸，心之幕（募）也】、鸠尾【蔽骨下五分】、中庭【膻中下一寸六分〔陷中〕】、[膻中【玉堂下一寸六分，直两乳中间】、玉堂【紫宫下一寸六分】、紫宫【华盖下一寸六分】]〔六〕、华盖【璇玑下一寸】、璇玑【天突下一寸】，上喉咙、会阴维于天突、廉泉【天突在结喉下四寸宛宛中，廉泉在结喉上舌下中央】，上颐，循承浆，与手足阳明、督脉会【唇下陷中】，环唇，上至下龈交，复出，分行循面，击（系）〔七〕两目下之中央，至承泣面(而)〔八〕终【目下七分,直瞳子、陷中二穴】,凡二十七穴。

《难经》〔九〕、《甲乙经》〔一〇〕并无循面以下之说。

任冲之则(别)〔一一〕络,名曰"尾翳",下鸠尾,散于腹,实则腹皮痛,虚则痒搔。《灵枢经》曰:"缺盆之中,任脉也,名曰天突。其侧动脉、人起(迎)〔一二〕,是(足)阳明也〔一三〕。"

【校释】

〔一〕李时珍(1518—1593),明代著名医学家,湖北蕲春人,字东壁,号濒湖山人,故人称李濒湖,其著除《本草纲目》外,还有《濒湖脉学》《奇经八脉考》等多种。

〔二〕阳,当为"脉"字之误,《奇经八脉考·任脉》作"脉"。文中自"任为阴阳(脉)之海"至"是(足)阳明也",出自李时珍的《奇经八脉考·任脉》,本书所校,依文渊阁《四库全书》本。

〔三〕陷中,筋骨间的凹陷处。《黄帝内经·灵枢·本输》:"束骨,本节之后陷者中也,为俞。"

〔四〕尖,当为"半"字之误,《奇经八脉考·任脉》、常熟市图书馆来章氏本作"半"。

〔五〕目阙,当为"巨阙"之误,《奇经八脉考·任脉》作"巨阙"。

〔六〕《奇经八脉考·任脉》"膻中下一寸六分"后,至"华盖"之前,有"陷中,膻中(玉堂下一寸六分,直两乳中间)、玉堂(紫宫下一寸六分)、紫宫(华盖下一寸六分)"一段,今补。

〔七〕击,当其繁体字"擊"与系的繁体字"繫"相近而误,《奇经八脉考·任脉》、常熟市图书馆来章氏本作"系"。

〔八〕面,依上下文意,当为"而"字之误。

〔九〕《难经》,原名《黄帝八十一难经》,共三卷,"难"是"问难"或"疑难"之义,"经"则指《黄帝内经》,即问难《黄帝内经》。全书共分八十一难,对人体腑脏功能形态、诊法脉象、经脉针法等诸多问题逐一论述。

〔一〇〕《甲乙经》，原名《黄帝三部针灸甲乙经》，乃晋代著名医学家皇甫谧（215—282）编撰于魏甘露四年（259），原为十卷，南北朝时期改为十二卷本。该书集《素问》《针经》（即《灵枢》）与《明堂孔穴针灸治要》三书中之有关针灸学内容依据天干编次，其内容主要论述医学理论和针灸方法技术，故命名为《针灸甲乙经》。

〔一一〕则，当为"别"字之误，《奇经八脉考・任脉》作"别"。所谓"别络"，在中医学是指联络互为表里的两条经脉的大络脉，在此别络处的腧穴叫络穴。

〔一二〕人起，当为"人迎"之误，《奇经八脉考・任脉》，常熟市图书馆来章氏本作"人迎"。人迎，颈部经穴名，别名天五会、五会。

〔一三〕文中所引《灵枢经》言，出自《黄帝内经・灵枢・本输第二》，然原文与此稍有异，其曰："缺盆之中，任脉也，名曰天突。一次任脉侧之动脉，足阳明也，名曰人迎。"是，当为"足"字之误。

督脉之图

督脉者,起于下极之腧,并于脊里,上至风府,入脑上巅,循额至鼻柱,属阳脉之海也,中行,凡二十七穴。

鼻柱下

素髎一穴【在鼻柱上端】

水沟一穴【一名人中,在鼻柱下。人中,督脉、手阳明之交会,上唇取之】

兑端一穴【在唇上端】

龈交一穴【在唇内齿上,督、任二脉之会】

额上行

神庭一穴【直鼻上,入发际五分,督脉、足太阳、阳明三脉之会】

上星一穴【在神庭后,入发际一寸】

囟会一穴【在上星后一寸五分】

前项(顶)〔一〕一穴【在囟会后一寸五分】

百会一穴【一名三阳五会,在前项(顶)一寸五分,项(顶)中央旋毛中陷(陷)〔二〕容豆,督脉、太阳之会交】

【校释】

〔一〕项,依上下文意,当为"顶"字之误。下同。

〔二〕陌,依上下文意,当为"陷"字之误。

顶后至项

后顶一穴【一名交冲,在百会后一寸五分】

强间一穴【一名大羽，在后顶后一寸五分】

脑户一穴【一名迎风，一名合颅，在枕骨上强后一寸五分，督脉、足太阳之会】

风府一穴【一名舌本，入顶发际一寸，脑户后一寸五分，项大筋内宛宛中】

哑门一穴

背脊下

大椎一穴【在第一椎上陷中，三阳、督、任所发】

陶道一穴【在项大椎节下间，督脉、足太阳之会，俯而取之】

身柱一穴【在第三椎节下间，俯而取之】

神道一穴【在第五椎节下间，俯而取之】

灵台一穴【在第六椎节下间，俯而取之】

至阳一穴【在第七椎节下间，俯而取之】

筋缩一穴【在第九椎节下间，俯而取之】

脊中一穴【在第十一椎节下间，俯而取之，禁，不可灸，令人伛偻】

悬枢一穴【在第十三椎节下间，俯而取之】

命门一穴【在第十四椎节下间，俯而取之】

阳关一穴【在第十六椎节下间，俯而取之】

腰腧一穴【在第二十一椎节下间】

长强一穴【在脊骶端】

濒湖李时珍曰[一]：督乃阳脉之海，其脉起于肾下胞中，至于少腹,乃〈下〉行于腰横骨围之中央[二],系溺孔之端。男子循茎下至幕(篡)[三],女子络阴器合篡(篡)[四]间,俱绕篡(篡)后屏翳穴【前阴、后阴之间也】。别绕臀至少阴,与太阳中络者合少阴上股内廉,由会阳【在阴尾尻背(骨)[五]两旁各二穴】贯脊,会于长强穴,在骶骨[六]端与少阴会,并脊里上行,历腰腧【二十一椎下】[七]、中枢【十椎下】、筋缩【九椎下】、至阳【七椎下】、灵台【六椎下】、冲道【五椎下】、身柱【三椎下】、陶道【大椎下】、大椎【一椎下】,与手足三阳会合。上哑门【顶后入发际五分】,会阳维,入系舌本,上至风府【顶后入发际一寸,大筋内宛宛中】,会足太阳、阳维,同入脑中。循脑户【在枕骨上】、强间【百会后三寸】、后顶【百会后一寸半】上巅,历百会【顶中央旋毛中】、前顶【百会前一寸半】、囟会【百会前三寸,即囟门】、上星【囟会前一寸】,至神庭【囟会二寸,甫(直)[八]鼻上,入发际五分】,为足太阳、督脉之会。循额中至鼻柱,经素髎【鼻柱头[九]也】、水沟【即人中】,会手足阳明。至兑端【在唇上端】,入龈交【上齿缝中】,与任脉、足阳明交会而终,凡三十一穴。督脉别络,自长强走任脉者,由小腹直上,贯脐中央,贯心入喉,上颐环唇,上系两目之下,中央会太阳于目内眦睛明穴【见阴蹻下】,上额与足厥阴同会于巅,入络于脑。又别自脑下项,循肩脾(胛)[一〇],与手足太阳、少阳会于大杼第一椎下两旁,去脊中一寸五分陷中。内侠脊,抵腰中,入循齐(膂)[一一]络肾。《难经》曰:督脉、任脉四尺五寸,共合九尺。

《灵枢经》曰:颈中央之脉,督脉也,名曰风府[一二]。

张洁古[一三]曰:督者,都也,为阳脉之都刚(纲)[一四];任者，妊也，为阴脉之妊养。

王海藏[一五]曰：阴蹻、阳蹻同起跟中，乃气并而相连；任脉、督脉同起中极之下，乃水沟而相接。

滑伯仁[一六]曰：任、督二脉，一源二岐，一行于身之前，一行于身之后。人身之有任督，犹天地之有子午，可以分，可以合。分之以见阴阳之不离，合之以见浑沦之无间。一而二，二而一者也。

濒湖又曰：任、督二脉，人身之子午也。乃丹家阳火阴符升降[一七]之道，坎水离火交媾[一八]之乡。故魏伯阳《参同契》[一九]云：上闭则称有，下闭则称无。无者以奉上，上有神德居。此两孔穴法，金气亦相须。崔希范《天元入药镜》[二〇]云：上鹊桥[二一]，下鹊桥，天应星，地应潮[二二]；归根窍，复命关，贯尾闾，通泥丸。《大道三章直指》[二三]云：修丹之士，身中一窍，名曰"元牝"。正在乾之下，坤之上，震之西，兑之东。坎离交媾之乡，在人身天地之正中。八脉、九窍、十二经、十五络联辏，虚间一穴，空悬黍珠[二四]，医书谓之"任、督二脉"。此元气之所由生，真息之所由起。修丹之士不明此窍，则真息不生，神化无基也。俞琰[二五]注《参同契》云：人身血气往来循环，昼夜不停。医书有任、督二脉，人能通此二脉，则百脉皆通。《不廷（黄庭）经》[二六]曰："皆目（在）[二七]心内运天经，昼夜存之自长生。"天经，吾身之黄道[二八]，呼吸往来于此也。鹿运尾闾[二九]，能通督脉；龟纳鼻息，能通任脉，故二物皆长寿。此数说，皆丹家河车[三〇]妙旨也,而药物、火候,自有别传。

海藏又曰:张平叔[三一]言,铅乃北方正气,一点初生之真阳为母,母其虫为龟,即坎之二阴也,地轴也。一阳为蛇,天根也,阳生为子,藏之命门,元气之所系,出入于此。其用在脐下,为天地之根,元牝[三二]之门,通厥阴,分三岐,为三车[三三]。一念之非,降而为漏[三四];一念之是,守而成铅[三五]。升而接离,补而成乾,阴归阳化,是以还元。至虚至静,道法自然,飞升而仙[三六]。

王启元[三七]曰:脑户乃督脉、足太阳之会故也。

【校释】

〔一〕"濒湖李时珍曰"以下至文末"脑户乃督脉、足太阳之会故也",出自李时珍的《奇经八脉考·督脉》,本书所校,依文渊阁《四库全书》本。

〔二〕乃下行于腰横骨围之中央之"下",据《奇经八脉考·督脉》删。

〔三〕幕,当为"篡"字之误,《奇经八脉考·督脉》作"篡"。

〔四〕纂,当为"篡"字之误,《奇经八脉考·督脉》作"篡"。下文"俱绕纂后"之"纂"同。

〔五〕尻背,当为"尻骨"之误。尻骨,包括骶骨和尾骨。尻,臀部,《黄帝内经·灵枢·经别》曰:"足太阳之正……其一道下尻五寸,别入于肛。"

〔六〕骶骨,人体由五块骶椎合成的一块骨,为骨盆的后壁,上与第五腰椎相连,下与尾骨相连。

〔七〕在"腰腧"至"中枢"之间,《奇经八脉考·督脉》原文还有"阳关(十六椎下)、至阳(七椎下)、悬枢(十三椎下)、脊中(十一椎下)"的内容,这里被省略。

〔八〕甫，当为"直"字之误，常熟市图书馆来章氏本作"直"。

〔九〕鼻柱头，《奇经八脉考·督脉》作"鼻准头"。

〔一〇〕脾，当为"胛"字之误，《奇经八脉考·督脉》作"胛"。

〔一一〕齐，当为"膋"字之误，《奇经八脉考·督脉》作"膋"。

〔一二〕此语出自《黄帝内经·灵枢·本输》。

〔一三〕张洁古（约1151—1234），南宋著名医学家，名元素，易州（今河北易县）人。其医论以为治病不应拘泥古方，并创"药物归经"及"药性气味厚薄、升降浮沉"理论，对后世医学有一定的影响，其著有《医学启源》《洁古珍珠囊》及《洁古家珍》等。

〔一四〕刚，当为"纲"字之误，《奇经八脉考·督脉》作"纲"。都纲，即关键之意。

〔一五〕王海藏（约1200—1264），南宋著名医学家，名好古，字进之，赵州（今河北赵县）人，曾经与李杲一起学医于张元素，但其年龄较李杲小二十岁左右，后又从师于李杲。在张、李二家的影响下，王海藏独重由于人体本气不足导致阳气不足的三阴阳虚病证，另成一家之说，其著有《阴证略例》《汤液本草》《医垒元戎》《此事难知》《斑论萃英》等。

〔一六〕滑伯仁（约1304—1386），元末明初著名医学家，名寿，晚号撄宁生。元朝时曾中乡举，因无意仕途，转而攻读医书，参悟诸家之说而终成大器，其著有《诊家枢要》《医韵》《本草发挥》《五脏补泻心要》及《滑寿脉诀》等。

〔一七〕阳火阴符升降，即道教内丹理论中的"进阳火，退阴符"，又称为进火退符、晨昏火候、火符升降等。进阳火，是指运用武火的功夫，以采取和提炼药物；退阴符，是指运用文火的功夫，以封固和闭存药物。

〔一八〕坎水离火交媾，即道教内丹理论中的"坎离交媾"，又称取坎填离，是指练功者心火下降于肾，而肾水上升于心，从而使得水火相济。

〔一九〕魏伯阳，东汉炼丹士，关于其籍贯，正史没有记载，而所著的《周易参同契》曰："邻国鄙夫，幽谷朽生；挟怀朴素，不乐权荣。"而五代道士彭晓的《参同契解义序》则云："魏伯阳者，会稽上虞人也……得《古文龙虎经》，尽获妙旨，乃约《周易》撰《参同契》三篇。又云未尽纤微，复作《补塞遗脱》一篇……至后汉孝桓帝时，公复传授于同郡淳于叔通，遂行于世。"《参同契》，全名是《周易参同契》，全书分上、中、下三篇，后人依据其内容，又细分为二十五至三十五章不等。《参同契》全文仅六千余字，多为四言、五言之文，但其文字奥雅，寓意深刻，内容极为丰富，被誉为"万古丹经之王"。

〔二〇〕崔希范，唐朝人，号至一真人，曾撰《天元入药镜》论述道教丹法，他提出"吾心为镜，身为之台"，认为精、气、神为炼丹大药，心火内照，能见五脏六腑，故称为镜。《天元入药镜》简称《入药镜》，该文结合易学与内丹学说，架构了一个系统的内丹修炼理论和方法，强调炼内丹的宗旨在于与道合真，效法自然的清静无为，并以心和肾为炼丹根本，把修炼分为十六个层次，由浅入深，九转成仙。

〔二一〕鹊桥，道教内丹术语，指舌。其鹊桥有"上鹊桥"和"下鹊桥"之说，上鹊桥在印堂、鼻窍处，一虚一实；下鹊桥在尾闾、谷道处，亦一虚一实。或谓上鹊桥指舌，下鹊桥指阴蹻穴。

〔二二〕依崔希范《天元入药镜》原文，"天应星，地应潮"后、"归根窍，复命关"前，尚有"起巽风，运坤火，入黄房，成至宝"等内容，《奇经八脉考·督脉》原文中已将其略去。

〔二三〕《大道三章直指》，作者不详。所谓"大道三章"，或即唐代王悬河《三洞珠囊》记曰的"太上无极大道""无上至真之道"和"太平清约之道"。

〔二四〕黍珠，又名黍米玄珠，为道教内丹术语，即为金丹。按道教内丹理论，以真铅真汞炼成真空妙有之物，可为黍米玄珠。《张三丰全集·玄要篇》有句云："大丹如黍米，脱壳镇（证）无为。优游天地廓，万象掌中珠。人能服此药，寿与天地齐。"

〔二五〕俞琰，其生卒年诸说不一，宋末元初道教学者，字玉吾，号全阳子、林屋山人、石涧道人，吴郡（今江苏苏州）人。曾以词赋见称，入元，隐居著书，因家传《易学》，故潜心《周易》，旁及丹道，其著有《周易集说》《易经考证》《易外别传》及《周易参同契发挥》等。文中的注《参同契》，即俞琰所著的《周易参同契发挥》。该书共三卷，并附释疑一卷，《四库全书提要》称其"是书以一身之水火阴阳发挥丹道"。

〔二六〕《不廷经》，当为"《黄庭经》"之误。《黄庭经》是道教上清派的重要经典，有《黄庭内景玉经》及《黄庭外景玉经》之分。据道教释义，黄者为中央之色，喻"中央"；庭者为四方之中，阶前空地，喻"中空"。黄庭之景，意谓道教内修功夫之中空景象。全经基本为七言文，内容重在阐述道教内修的理论根据，以及提示长生久视的要诀。关于《黄庭经》作者的说法甚多，该经始见于东晋葛洪《抱朴子·遐览》。

〔二七〕目，当为"在"字之误，《黄庭内景玉经》作"在"。

〔二八〕黄道，古人所认为太阳绕地而行的轨道，如《汉书·天文志》曰："日有中道，月有九行。中道者，黄道，一曰光道。"

〔二九〕鹿运尾闾，即内丹理论中的河车运转之意，如《张三丰全集·玄要篇》有句云："龟纳鼻息能调气，鹿运尾闾亦炼精。"

〔三〇〕河车，道教内丹术语。指北方正气，具有"元阳""真气"之用，如《钟吕传道集》曰："河车者,起于北方正水之中。肾藏真气,真气之所生之正气,乃曰河车。"也有人解释为："指内炼当中,采取药物,自任督二脉运送采炼,其间由尾闾穴上升,经夹脊关、玉枕关直至泥丸,然后下降鹊桥、重楼、黄庭,纳入丹田,此一周天运转,犹如天河而轮转,所以叫做河车。"(张兴发《道教内丹修炼》第406页,宗教文化出版社2003年版)

〔三一〕张平叔,即宋代著名内丹学家张伯端。

〔三二〕元牝,原作"玄牝",语出《老子》,其曰："谷神不死,是谓玄牝。玄牝之门,是谓天地根。绵绵若存,用之不勤。"所谓"不勤",即"不尽"之义。

〔三三〕三车,道教内丹术语。三车为羊车、鹿车和牛车,比喻内炼中火候运转的三个阶段。在运气上达泥丸、通督脉时,由尾闾关至夹脊关,细步慎行,如羊驾车之轻柔,故谓"羊车";由夹脊关至玉枕关,则大步急奔,如鹿驾车之迅速,故谓"鹿车";由玉枕关至泥丸,因玉枕关极细极微,须用力冲开,如牛驾车之奋猛,故谓"牛车"。明代的《性命圭旨》有句云:"金满三车夺圣机,冲开九窍过曹溪。"

〔三四〕降而为漏,即指在练功中因精、气、神的走散外驰,而未能聚成内丹,因此,固漏在道教内丹术中显得尤为重要。如《张三丰全集·玄要篇》有句云:"固漏形躯炼太阳,精气神全守中黄。铅汞煎熬成至宝,金丹一粒放毫光。"又云:"我把一身固漏坚,万载千秋无老少……有人学得固漏歌,便是长生不老方。"

〔三五〕"铅"在道教的丹术中具有极其重要的作用,它既是烧炼外丹的基本原料,如《九丹经诀》卷十一辑录的《五金粉图诀》曰:"夫合丹药,以铅为本,铅若不真,药无成者。"在内丹术中,"铅"也同样被视为长生久视的元阳真气。

〔三六〕《奇经八脉考·督脉》原文，在"飞升而仙"后、"王启元曰"前，
　　尚有"督脉为病"等内容，来章氏本在辑录时将其略去。

〔三七〕元，当为"玄"，或因避清康熙讳所致。王启玄，即唐代著名道教
　　徒王冰。王冰（约710—805），号启玄子，唐宝应年间曾任太仆
　　令，世称王太仆，少时笃好易老之学，讲求摄生，究心于医学，尤
　　嗜《黄帝内经》，曾历时多年，补注了《黄帝内经素问》及《灵枢
　　经》。另有《玄珠》一书，然宋代已佚。

骨　数〔一〕

人有三百六十五节，按周天三百六十五度〔二〕。男子骨
白，妇人骨黑〔三〕。

髑髅骨〔四〕，男子自项及耳，并脑后，共八片【蔡州〔五〕人有
九片】，脑后横一缝，当正直下至发际，别有一直缝；妇人只六
片，脑后横一缝，当正直下，无缝。

牙有二十四，或二十八，[或三十二]〔六〕，或三十六。胸
前骨一（三）条〔七〕，心骨〔八〕一片，状（嫩）〔九〕，如钱大。

项与脊骨各十二节【自项至腰共二十四椎骨，上有一大鎚（椎）〔一〇〕
骨。人身项骨五节，背骨十九节，合之得二十有四。是项之大鎚（椎），即在二十四
骨之内。鎚音垂〔一一〕】。

肩井及左右饭匙骨各一片〔一二〕。

左右筋（肋）〔一三〕骨，男子各十二条，八条长，四条短；妇
人各十四条。

男女腰间各有一骨，大如掌，有八孔，作四行样。手、

脚骨各二段，男子左、右手腕及左、右臁筋骨边，皆有髀骨^{〔一四〕}【妇人无】，两足膝头各有顋骨^{〔一五〕}，隐在其间，如大指大。手［掌］、脚板各五缝^{〔一六〕}，手、脚大拇指并脚第五指各二节，余十四指并三节。

　　尾蛆骨^{〔一七〕}若猪腰子，仰在骨节下。男子者，其缀脊处凹，两边皆有尖瓣，如棱角，周布九窍；妇人者，其缀脊处平直，周布六窍。大小便处各一窍。

【校释】

〔　一　〕《骨数》一节，出自宋代宋慈的《洗冤集录》卷三之《验骨》。宋慈（1186—1249），字惠父，福建建阳人，宋嘉定十年（1217）进士，曾任刑官多年，《洗冤集录》一书即是他在根据自己的亲身经验以及前人理论基础上于淳祐七年（1247）编撰而成。此书不但是研究我国法医学的重要史料，也是研究我国古代病理学、尸体解剖学的珍贵文献。当然，由于历史的局限，书中的有些内容较片面，所作结论未必都正确。本书所校，依上海古籍出版社2008年出版的《洗冤集录》。

〔　二　〕按周天三百六十五度，《洗冤集录·验骨》作"按一年三百六十五日"，源出《黄帝内经·素问·调经论》"三百六十五节"。

〔　三　〕男子骨白，妇人骨黑，《洗冤集录》有注曰："妇人生前出血如河水，故骨黑。如被毒药骨黑，须仔细详定。"

〔　四　〕髑髅骨，即脑颅骨，指围成颅腔的硬骨。

〔　五　〕蔡州，古地名，今河南汝南一带。

〔　六　〕"或二十八"后，《洗冤集录》有"或三十二"四字。

〔　七　〕胸前骨一条，《洗冤集录》作"胸前骨三条"，当是。

〔　八　〕心骨，又名鸠尾骨、龟子骨或蔽心骨，指胸骨剑突。

〔九〕状，当为"嫩"字之误，《洗冤集录》作"嫩"。

〔一〇〕鎚，《洗冤集录》作"椎"，当是。下同。

〔一一〕"人身项骨五节"至"鎚音垂"一段，《洗冤集录》无。

〔一二〕肩井，即锁骨，在胸前最上部，左右各一；饭匙骨，即肩胛骨的俗称。

〔一三〕筋，《洗冤集录》作"肋"，当是。

〔一四〕髀骨，即大腿骨的俗称。髀骨，《洗冤集录》作"捭骨"。

〔一五〕两足膝头，《洗冤集录》作"两脚膝头"；颧骨，《洗冤集录》作"頔骨"。

〔一六〕手、脚板各五缝，《洗冤集录》作"手掌、脚板各五缝"，当是。

〔一七〕尾蛆骨，即尾骨，上接骶骨，二侧有横突，下端尖细。

筋　络〔一〕

足太阳之筋，起于足小指〔二〕，上结于踝，斜上结于膝。其别者，结于腨胭〔三〕中，结于臀，上挟斜上项；其支者，入结舌本；其直者，结于枕骨，上头下颜，结于鼻；其支者，为目上纲，下结于頄〔四〕。

足少阳之筋，起于小指、次指，[上]结外踝〔五〕，结于膝下。其支者，上走脾；前者，结于伏兔；后者，结于尻。其（上）额用（角）〔六〕，交巅上，下走额，[上]结于頄〔七〕。

足阳明之筋，起于中二（三）指〔八〕，结于跗上，加辅骨，上结于膝，上脾枢，上[循]胁〔九〕，属脊。其直者，[上]循伏兔〔一〇〕，上结于髀，聚于阴器，上腹而布，至缺盆；上颈、挟口，合于頄，下结于鼻，上合于太阳。太阳为目上纲，阳明为目下纲。

足太阴之筋，起于大指之端［内侧］〔一〕，上结于内踝。其直者，络于膝，［上］循阴股〔一二〕，结于髀，聚于阴器，上腹，结于脐，循腹里，散于胸中，着于脊。

足少阴之筋，起于小指之下，斜走内踝之下，踵上于内辅之下，循阴股，结于阴器，循脊内，上至项，结于枕骨，与足太阳之筋合。

足厥阴之筋，起于大指之上，［上］结于内踝［之前］〔一三〕，上循胫，上结内辅之下，上循阴股，结于阴器，络诸筋。

手太阳之筋，起于小指之上，结于腕，上循臂［内廉］〔一四〕，结于肘，入结于腋下。其支者，上绕肩胛，循颈，结于耳后完骨。其支者，入耳中；直者，出耳上，属目外眦。

手少阳之筋，起于小指、次指之端，结于腕，上循臂，结于肘，上肩，走颈。其支者，入系舌本；其支者，上曲牙，循耳前，属目外眦。

手阳明之筋，起于大指、次指之端，结于腕，［上］循臂〔一五〕，［上］结于财（肘）［外］〔一六〕，上臑〔一七〕，结于髃〔一八〕。其支者，绕肩胛，挟脊。

手太阴之筋，起于大指之上，结于鱼〔一九〕，上循臂，结肘中，上臑，入腋下，出缺盆，结髃上，下结胸里，散贯贲，下抵季肋。

手厥阴（心主）之筋〔二〇〕，起于中指，结于肘［内廉］〔二一〕，上臂阴，结腋下，挟胁。其支者，入腋，散胸中，结于臂。

手少阴之筋, 起于小指之内[侧]〔二二〕, 结于锐骨, 上结肘[内廉]〔二三〕, 入腋, 挟乳里, 结于胸中, 下系于脐。

【校释】

〔一〕《筋络》一节, 出自《黄帝内经·灵枢·经筋》, 文字稍有异, 本书所校, 依文渊阁《四库全书》本。

〔二〕足小指, "指"即"趾", 下同不注。

〔三〕腨, 又称"腓", 小腿肚; 腘, 膝部后面, 腿弯曲时形成窝儿的地方。

〔四〕頄, 即位于眼眶的外下方的颧骨。

〔五〕结外踝,《黄帝内经·灵枢·经筋》作"上结外踝", 当是。

〔六〕其额用,《黄帝内经·灵枢·经筋》作"上额角", 当是。

〔七〕结于頄,《黄帝内经·灵枢·经筋》作"上结于頄", 当是。

〔八〕中二指,《黄帝内经·灵枢·经筋》作"中三指", 当是。

〔九〕上胁,《黄帝内经·灵枢·经筋》作"上循胁", 当是。

〔一〇〕循伏兔,《黄帝内经·灵枢·经筋》作"上循伏兔", 当是。

〔一一〕起于大指之端,《黄帝内经·灵枢·经筋》作"起于大指之端内侧", 当是。

〔一二〕循阴股,《黄帝内经·灵枢·经筋》作"上循阴股", 当是。

〔一三〕结于内踝,《黄帝内经·灵枢·经筋》作"上结于内踝之前", 当是。

〔一四〕上循臂,《黄帝内经·灵枢·经筋》作"上循臂内廉", 当是。

〔一五〕循臂,《黄帝内经·灵枢·经筋》作"上循臂", 当是。

〔一六〕结于财,《黄帝内经·灵枢·经筋》作"上结于肘外", 当是。

〔一七〕臑, 人的上肢, 中医里指人自肩至肘前侧靠近腋部的隆起的肌肉。

〔一八〕髃, 肩髃的简称, 指肩关节的上方。

〔一九〕鱼，当为"鱼际"的简称。鱼际，指手掌内、外侧缘由一组肌群构成稍隆起的部位，外侧称"大鱼际"，内侧称"小鱼际"。

〔二〇〕手厥阴之筋，《黄帝内经·灵枢·经筋》作"手心主之筋"，当是。

〔二一〕结于肘，《黄帝内经·灵枢·经筋》作"结于肘内廉"，当是。

〔二二〕起于小指之内，《黄帝内经·灵枢·经筋》作"起于小指之内侧"，当是。

〔二三〕上结肘，《黄帝内经·灵枢·经筋》作"上结肘内廉"，当是。

气血说

休宁汪氏〔一〕曰："人身之所恃以生者，此气耳。源出中焦，总统于肺，外护于表，内行于里，周通一身，顷刻无间，出入升降〔二〕，昼夜有常，曷尝病于人哉？及至七情〔三〕交致，五志〔四〕妄发，乖戾〔五〕失常，清者化而为浊，行者阻而不通，表失护卫而不和，里失营运而弗顺。气本属阳，反胜则为火矣。"

人身之中，气为卫〔六〕，血为营〔七〕。《经》〔八〕曰："营者〔九〕，水谷之精［气］〔一〇〕也。调和五脏，洒陈于六腑，乃能入于脉也。"生化于脾，总统于心，藏受于肝，宣布于肺，施泄于肾，灌溉一身。目得之而能视，耳得之而能听，手得之而能摄，掌得之而能握，足得之而能步，脏得之而能液，腑得之而能气。出入升降，濡润宣通，靡不由此也。饮食日滋，故能阳生阴长，取汁变化而赤为血也，注之于脉，充则实，少即涩。生旺，则六经〔一一〕恃此长养；衰竭，则百脉由此空虚。

血盛则形盛,血弱则形衰。血者,难成而易亏,可不谨养乎?

【校释】

〔一〕休宁汪氏,当指明末清初著名医学家汪昂。汪昂(1615—
1694),字讱庵,初名恒,安徽休宁人,曾中秀才,因家庭贫寒,遂
弃举子业,立志学医,其编著有《素问灵枢类纂约注》《医方集
解》《本草备要》《汤头歌诀》等。文中所引"人身之所恃以生
者"云云,语出汪昂的《医方集解·理气之剂》。

〔二〕出入升降,亦作"升降出入",语出《黄帝内经·素问·六微旨大
论》,其曰:"是以升降出入,无器不有。"气的升、降、出、入,是人
体生命活动的根本,也是指人与自然界的物质交换,以及人体
内部的新陈代谢和各器官之间的联系,它是生命活动的基本形
式,其运动一旦停止,即意味着生命活动的终止。

〔三〕七情,即人的七种情志。《礼记·礼运》曰:"何谓人情? 喜、怒、
哀、惧、爱、恶、欲,七者弗学而能。"

〔四〕五志,七情分属五脏,以喜、怒、思、悲、恐为代表,故称"五志"。
南宋著名医学家刘完素的《素问玄机原病式》曰:"五脏之志者,
怒、喜、悲、思、恐也……若志过度则劳,劳则伤本脏。"

〔五〕乖戾,指性情、言语、行为别扭或不合情理,如《史记·天官书》
曰:"三能色齐,君臣和;不齐,为乖戾。"

〔六〕卫,即卫气,是指运行于脉外的气,它的形成既根于先天元气,
又依赖后天水谷之气的充养,具有护卫肌表,防御外邪侵入及
温养脏腑、肌肉、皮毛等组织器官,调节腠理的开合与汗液的排
泄等作用。

〔七〕营,即营气,是指与血液并行于脉中的气,因该气富于营养,故
又称"荣气"。由于营与血的关系极为密切,营气不但是血液
的组成部分,而且在血液的化生过程中起着重要作用,故中医

　　　学里常以"营血"并称,这也是文中之所以曰"血为营"的原因
　　　所在。
〔八〕经,即指《黄帝内经》,文中所引出自《黄帝内经·素问·痹论》。
〔九〕营者,《黄帝内经》作"荣者"。
〔一○〕水谷之精,"精"后,疑脱一"气"字,《黄帝内经》作"水谷之精气"。
〔一一〕六经,即中医学中太阳经、阳明经、少阳经及太阴经、少阴经、
　　　厥阴经的合称,其又各分手、足,即为十二经。《黄帝内经·灵
　　　枢·百病始生》曰:"六经不通,四肢则肢节痛,腰脊乃强(僵)。"

洗髓经^[一]

翻译洗髓经意序

《易筋》《洗髓》，俱非东土^[二]之文章，总是西方^[三]之妙谛。不因祖师授受，予安得而识之，又乌自而译之也哉？我祖师大发慈悲，自西徂^[四]东，餐风宿水，不知几经寒暑；登山航海，又不知几历险阻。如此者，岂好劳耶？悲大道之多歧，将愈支而愈离，恐接绪之无人，致慧根^[五]之淹没。遍观诸教之学者，咸逐末而忘本，每在教而泥^[六]教，谁见流而债^[七]源？忽望霞（震）旦^[八]，白光灼天。知有载道之器，可堪重大之托，此祖师西来之大义也。

初至陕西燉煌^[九]，遗留汤钵^[一〇]于寺。次及中州少林，面壁跌跏^[一一]九年，不是心息参悟，亦非存想坐功，总因因缘未至，姑静坐久留，以待智人参求耳。及祖师示人为第一义谛，问者多固执宿习^[一二]，不能领略再请。予何人？斯幸进！至人耳提面命^[一三]，顿超无上正传正觉^[一四]，更有教外别传《易筋》《洗髓》二帙。

惟《洗髓》义深，精进无基，初学难解，其效亦难至，是为末后之究竟也。及其成也，能隐能显，串^{〔一五〕}金透石，脱体圆通，虚灵长活，聚而成形，散则为风，然未可一蹴而至也。《易筋》义浅，而入手有据，初学易解，其效易臻，堪为筑基之初起。是必《易筋》之功竟，方可因之而《洗髓》。予得师传，行《易筋》已效。将《易筋》原本一帙，藏之少林壁间，俟有缘者得之；惟《洗髓》一帙，附之衣钵^{〔一六〕}，远游云水，后缘行至（之）^{〔一七〕}，果获奇应。曾不敢轻以告人，又恐久而失传，辜负祖师西来之意，于是不揣鄙陋，翻为汉语。止求不悖经文，不敢致饰于章句，依经详译于后，并为序言于前，以俟智者之玩味而有得也。

释慧可谨序。

【校释】

〔 一 〕《洗髓经》，诸本中目前首见道光三年（1823）的市隐斋本，然与来章氏本稍有差异，市隐斋本无慧可《序》。关于此《经》及慧可《序》，清乾嘉学者凌廷堪（1757—1809）的《校礼堂文集·与程仲丽书》已有提及，其曰："（《易筋经》）后又附《洗髓经》一卷，其《序》托名二祖慧可。"

〔 二 〕东土，代指中国，如《穆天子传》卷十五曰："西王母为天子谣……天子答之曰：'予归东土，和治诸夏，万民平均，吾顾见汝。'"

〔 三 〕西方，即西天或西竺，是我国佛教徒信仰的佛祖所在地。

〔 四 〕徂，往，如《诗经·大雅·桑柔》曰："自西徂东，靡所定处。"

〔 五 〕慧根，佛教用语，破除迷惑、认识真理为"慧"，慧能生道，故名

"根"。隋释慧远的《大乘义章》曰："言慧根者,于法观达,目之为慧,根同前释。"

〔六〕泥,拘泥,如《宋史·刘几传》曰："儒者泥古。"

〔七〕债,通"责",求取。

〔八〕霞旦,当为"震旦"之误。天津影印本作"震旦"。震旦,古印度语的音译,即中国,如唐释慧琳《一切经音义》卷七二曰："或作震旦……旧译云汉国,经中亦作脂那,今作支那,此无正翻,直云神州之总名。"

〔九〕初至陕西燉煌,凌廷堪的《校礼堂文集·与程仲丽书》曾斥曰："后魏时,敦煌安得有陕西之称?"

〔一〇〕钵,僧人之食具,如《晋书·佛图澄传》曰："澄即取钵盛水。"

〔一一〕趺跏,佛教徒的一种坐法,即双足交叠而坐。

〔一二〕宿习,原先所学习的,如《宋史·李毂传》曰："发愤从学,所览如宿习。"

〔一三〕耳提面命,亦作"面命耳提",意谓对人教诲恳切,如《诗经·大雅·抑》曰："匪面命之,言提其耳。"

〔一四〕正觉,佛教用语,近人丁福保《佛学大辞典》释曰："一切诸法之真正觉智也,故成佛曰成正觉。"

〔一五〕串,同"穿"。

〔一六〕衣钵,原指佛教僧尼的袈裟和食钵,而禅宗的初祖至五祖之间的道法传授,则以衣钵为信证,称为"衣钵相传",如《旧唐书·神秀传》曰："昔后魏末,有僧达摩者……得禅宗妙法,云自释迦相传,有衣钵为记,世相付授。"后泛指传授下来的思想、学问、技能等。

〔一七〕缘,凭借,如《荀子·正名》曰："则缘耳而知声可也,缘目而知形可也。"至,依上下文意,当为"之"字之误。

翻译洗髓经总义

如是我闻时[一],佛告须菩提[二]。

易筋工已竟[三],方可事于此。

此名"静夜钟",不碍人间事。

白日任匆匆,务忙衣与食。

运水及担柴,送泉(尿)[四]与送屎。

抵暮见明星,然[五]灯照暗室。

晚夕工课毕,将息临卧其(具)[六]。

木(大)众[七]咸鼾睡,忘却生与死。

默者独京(警)醒[八],黑夜暗修持。

抚体叹今夕,过了少一日。

无常[九]来迅速,身同少水鱼。

显然如何救,福慧何日足。

四恩[一〇]未能报,四缘[一一]未能离。

四智[一二]未现前,三身(生)[一三]未皈一。

默观法界[一四]中,四生[一五]三有备。

六根六鹿(尘)连[一六],五蕴并三途[一七]。

天人阿修罗[一八],六道[一九]各异趋。

二谛[二〇]未能融,六度[二一]未能具。

见见非是见,无明[二二]未能息。

道眼[二三]未精明,眉毛未落地[二四]。

如何知见离[二五],得了涅槃[二六]意。

若能见非见,见所不能乃(及)[二七]。

蜗角大千界[二八],蟭眼纳须弥[二九]。

昏昏醉梦间,光阴两俱失。

流安(浪)[三〇]于生死,苦海无边际。

如来大慈悲,演此为《洗髓》。

须后(从)[三一]易筋后,每于夜静时。

两目内神(含)[三二]光,鼻中微运息。

腹中觉空虚,正宜纳清煦。

朔望及两弦[三三],二分并二至[三四]。

子午守静工,卯酉干沐浴。

一切惟心造,炼神竟虚静。

常惺惺[三五]不昧,莫被睡魔拘。

夜夜常如此,月月[三六]须行持。

唯虚能容纳,饱食非所宜。

谁新(谦和)[三七]保护身,恶厉[三八]宜紧避。

假借可修真,四大[三九]须保固。

予(柔)[四〇]弱可持身,暴戾灾害逼。

过河须用筏,到岸方弃之。

造代(化)登(生)成理[四一],从微而至著。

一字透天机[四二],渐进细寻思。

久久自圆满,未可一蹴之[四三]。

成功有定限,三年九载余。

从容在一纪[四四],决不逾此期。

心空身自化，随意任所之。

一切无罣碍〔四五〕，圆通观自在。

隐显度众生，弹指趋无始。

待报四重恩，永灭迷途苦。

后人得吃（此）〔四六〕经，信授可奉行。

后人于授受，叮咛视莫轻。

【校释】

〔一〕如是我闻，佛经的开卷语，又曰"闻如是"或"我闻如是"。传说
　　释迦牟尼灭后，其众弟子汇集他的言论，因阿难常在释迦牟尼
　　身边，听到的最多，于是就推他宣唱佛说，以"如是我闻"为开
　　场，以表示其所诵乃直接从佛陀处所亲闻。如《佛地经论》卷一
　　曰："传佛教者言如是事，我昔曾闻如是。"

〔二〕须菩提，佛陀十大弟子之一，善于解空，智慧过人。

〔三〕竟，完毕、终了，如《晋书·谢安传》曰："看书既竟。"

〔四〕泉，常熟市图书馆来章氏本作"尿"，当是。

〔五〕然，通"燃"。

〔六〕将息临卧其，天津影印本作"将息临卧具"，当是。

〔七〕木众，依上下文意，当为"大众"之误。

〔八〕京醒，常熟市图书馆来章氏本作"警醒"，当是。

〔九〕无常，佛教用语，佛教认为世间一切事物生灭变化，迁流不住，
　　没有永恒不变的东西，如《涅槃经·寿命品》曰："是身无常，念
　　念不住，犹如电光、暴水、幻炎。"

〔一〇〕四恩，佛教用语，意谓佛教徒需要报答的四种人，但不同的材料
　　里其报恩的对象也有所不同。如有的"四恩"是：一为父母恩，
　　二为众生恩，三为国王恩，四为三宝恩；而有的则为：一是父恩，

二是母恩,三是如来恩,四是法师恩。

〔一一〕四缘,佛教用语,佛教中指一切有为法之生起所凭借之四种缘。据近人丁福保的《佛学大辞典》介绍,"四缘"分别为:因缘、次第缘、所缘缘及增上缘。

〔一二〕四智,佛教用语,又称四智心品,亦即与四智相应的一聚心、心所,是菩提的四种德能或佛的四种智慧。据近人丁福保的《佛学大辞典》介绍,"四智"分别为:大圆镜智、平等性智、妙观察智与成所作智。

〔一三〕身,依上下文意,当为"生"字之误。三生,佛教用语,指前生、今生和来生,也即过去世、现在世和未来世。

〔一四〕法界,佛教用语,指整个宇宙现象界,"界"是"分界""种类"的意思。唐释慧能《坛经·般若品》曰:"善知识,心量广大,遍周法界。"

〔一五〕四生,佛教用语,佛教分世界众生为胎生(如人与畜)、卵生(飞鸟与鱼鳖)、湿生(虫与蝎)和化生(无所依托,唯借业力而现者)四类,如《法苑珠林·四生》曰:"依鷇而生曰卵,含藏而出曰胎,假润而兴曰湿,歘然而现曰化。"

〔一六〕六根,佛教用语,佛教谓眼、耳、鼻、舌、身、意六者为罪孽之根源,其中眼为视根,耳为听根,鼻为嗅根,舌为味根,身为触根,意为虑根;同时,佛教称色、声、香、味、触、法为"六尘",六尘与六根相接,产生种种嗜欲及烦恼,故又名"六贼"。　　鹿,依上下文意,当为"尘(塵)"字之误。

〔一七〕五蕴,佛教用语,据近人丁福保的《佛学大辞典》介绍,"五蕴"分别为:色蕴、受蕴、想蕴、行蕴和识蕴,"蕴"为聚合之义。《般若波罗蜜多心经》曰:"观自在菩萨,行深般若波罗蜜多时,照见五蕴皆空,度一切苦厄。"　　三途,佛教用语,亦名三恶趣或三恶道,指地狱、畜生、饿鬼三途。

〔一八〕阿修罗,为梵语音译,意译为非天,古印度神话中的神名,曾与帝释争权,佛书中被列为天龙八部众神之一。《法苑珠林·六道会名》曰:"阿修罗者,以不能忍善,不能下意,谛听种种教化,其心不动,以骄慢故非善健儿,故名阿修罗。"

〔一九〕六道,是佛教中所指的众生轮回之道,可分为三恶道和三善道。其中的地狱道、饿鬼道、畜生道为三恶道,修罗道、人道和天道则为三善道。

〔二〇〕二谛,佛教用语,即真谛与俗谛。据近人丁福保《佛学大辞典》解,所谓"真谛",乃"圣者所见真实之理性也,是离虚妄,故云真";所谓"俗谛",乃"迷情所见世间之事相也,是顺凡俗迷情之法,故云俗。"

〔二一〕六度,佛教用语,即六波罗蜜。《唐六典·尚书礼部》曰:"以布施、持戒、忍辱、精进、禅定、智惠为宗,所谓六波罗蜜者也。"佛经有《大乘理趣六波罗蜜多经》,简称《六度经》。

〔二二〕无明,佛教用语,指包括"见、欲、色、有"四种烦恼,也称"一念无明烦恼"。

〔二三〕道眼,佛教用语,指能洞察一切,辨别真妄的眼力。

〔二四〕眉毛落地,佛教公案故事,见宋释普济《五灯会元》卷五曰:唐宪宗元和年间(806—820),有位天然禅师到洛阳,"遇天大寒,取木佛烧火向,院主诃曰:'何得烧我木佛?'师以杖子拨灰曰:'吾烧取舍利。'主曰:'木佛何有舍利?'师曰:'既无舍利,更取两尊烧。'主自后眉须堕落。"

〔二五〕见离,即意谓"生死",佚名的《崖泉男命赋》有"见离寿促"之句。

〔二六〕涅槃,佛教用语,谓脱离一切烦恼、进入自由无碍的境界。南朝释慧皎的《高僧传》卷六曰："涅槃,秦言无为,亦名灭度。无为者,取乎虚无寂寞,妙绝于有为;灭度者,言乎大患永灭,超度四流。"

〔二七〕乃,依上下文意,当为"及"字之误。

〔二八〕蜗角,蜗牛的角,比喻细微;大千界,即大千世界,佛教用语,指广大无边的世界。宋释道原《景德传灯录》卷九曰:"长老身材勿量大,笠子太小生。师云:'虽然如此,大千世界总在里许。'"

〔二九〕蟭,又名蟭螟,寓言里的一种小虫,葛洪《抱朴子·刺骄》曰:"蟭螟屯蚊眉之中,而笑弥天之大鹏。" 须弥,即须弥山,佛教传说中的山名。须弥山在佛教中极具意义,它是至高、至大之山,是世界的中心。 蟭眼纳须弥,与佛教中的"芥子纳须弥"同义,谓至大的须弥山可纳于至小的东西内。

〔三〇〕流安,市隐斋本作"流浪",当是。

〔三一〕后,市隐斋本作"从",当是。

〔三二〕神,市隐斋本作"含",当是。

〔三三〕两弦,指上弦月、下弦月,上弦月在农历每月初七、初八出现,下弦月在农历每月二十二、二十三出现。在道教内丹理论中,两弦又指任督二脉,任脉在前,称"前弦";督脉在后,称"后弦"。在运行周天之时,神炁充盈,如同月亮上弦、下弦之状。

〔三四〕二分二至,是指春分、秋分、夏至、冬至,是我国传统历法中二十四节气的四个节气。

〔三五〕常惺惺,佛教用语,指头脑经常或长久保持清醒。宋人谢良佐的《上蔡先生语录》卷中曰:"敬是常惺惺法,心斋是事事放下,其理不同。"朱熹注:"惺惺乃心不昏昧之谓。"

〔三六〕月月,市隐斋本作"日日"。

〔三七〕谁新,常熟市图书馆来章氏本、市隐斋本作"谦和",当是。

〔三八〕恶,谓罪过、非善及丑恶等;厉,谓危险、灾疫等。

〔三九〕四大,佛教中以地、水、火、风为"四大",认为此四者广大,能够产生出一切事物和道理。佛教的《四十二章经》曰:"佛言:当念身中四大,各自有名,都无我者。"

〔四〇〕予,依上下文意,当为"柔"字之误。

〔四一〕造代登成理,市隐斋本作"造化生成理",当是。

〔四二〕天机,上苍造化的奥秘,如陆游的《醉中草书因戏作此诗》有句云:"稚子问翁新悟处,欲言直恐泄天机。"

〔四三〕之,市隐斋本作"至"。

〔四四〕一纪,中国古代记载年代的方式,十二年为一纪,如《尚书·毕命》曰:"既历三纪,世变风移。"

〔四五〕罣碍,即牵掣、障碍之义,如《般若心经》曰:"依般若波罗蜜多故,心无罣碍,无罣碍故,无有恐怖。"

〔四六〕吃,市隐斋本作"此",当是。

无始钟气篇第一

宇宙有至理〔一〕,难以耳目契〔二〕。
凡可参悟者,即属于元气。
气无理不运,理无气不著。
交并为一致,分之莫可离〔三〕。
流行无间滞,万物依为命。
串金与透石〔四〕,水火可与并〔五〕。
并行不相害,是曰理与气。

生处伏杀机，杀中有生意。

理以气为用，气以理为体[六]。

即体以显用，就用以求体。

非体亦非用，体用两不立。

非理亦非气，一言透天机。

百尺竿头步[七]，原始更无始。

悟得其中意，方可言《洗髓》。

【校释】

〔一〕至理，最根本的道理，如葛洪的《抱朴子·明本》曰："其评论也，
实原本于自然；其褒贬也，皆准的乎至理。"

〔二〕契，相合、投合，如曹植《玄畅赋》曰："上同契于稷、卨，降合颖
于伊、望。"

〔三〕理气交并，是宋儒朱熹的重要哲学观点之一，《朱子语类》卷三
曰："有是理，必有是气，不可分说。都是理，都是气。那个不是
理？那个不是气？"

〔四〕串，同"穿"。

〔五〕文中的"水火"，指阴阳而言，其中"水"为阴，"火"为阳，水火相
并，亦即阴阳互济。

〔六〕理本气用，是宋儒朱熹的重要哲学观点之一，《朱文公文集·答
黄道夫》曰："天地之间有理有气，理也者，形而上之道也，生物
之本也；气也者，形而下之气也，生物之具也。"

〔七〕百尺竿头，佛教中比喻道行造诣达到极高境界，但尚需继续努
力，如普济的《五灯会元》卷四曰："百尺竿头不动人，虽然得入
未为真。百尺竿头须进步，十方世界是全身。"

四大假合篇第二

元气^{〔一〕}久氤氲，化作水火土。

水发昆仑^{〔二〕}巅，四达注坑井^{〔三〕}。

静坐生暖气，水中有火具。

湿热乃蒸腾，为雨又为露。

生人又生物，利益人世间。

水久澄为土，火乃气之焕^{〔四〕}。

人身小天地^{〔五〕}，万物莫能比^{〔六〕}。

具此幻化质，总是气之余。

本来非我有，解散还太虚^{〔七〕}。

生亦未曾生，死亦未曾死。

形骸何可留，垂老后天地。

假借^{〔八〕}以合真，超脱离凡数。

参透《洗髓经》，长生无可期。

无假不显真，真假浑无隙。

应作如是观，真与假不二。

四大假合形^{〔九〕}，谁能分别此？

【校释】

〔一〕元气，在中国哲学中是化生天地万物的本始物质，如东汉王符的《潜夫论·本训》曰："元气窈冥，未有形兆，万精合并，混而为一，莫制莫御。若斯久之，翻然自化，清浊分别，变成阴阳。阴阳有体，实生两仪，天地壹郁，万物化淳，和气生人，以统理之。"

〔二〕昆仑，古代传说中的"昆仑"，既高且大，为中央之极，是连接天地的天柱，又是不少河系的发源地。如《山海经·大荒西经第十六》曰："西海之南，流沙之滨，赤水之后，黑水之前，有大山，有曰昆仑之丘。"然而，在道教内丹理论中，"水发昆仑"一语被赋予了特定的含义，其中，"水"为运转周身的"气"，有时称"黄河水"；"昆仑"乃人的头部。如《张三丰全集·玄要篇》有句云："呼吸运起玄关火，青天劈破鸿蒙裂。黄河逆转上昆仑，九窍三关都透劈。"

〔三〕坑井，原指坑道与矿井。然文中的"四达注坑井"，指一种练功过程中体内元气布达四肢百骸的情景，如《张三丰全集·玄要篇》有句曰："又见黄河水滔滔逆流。从涌泉，灌尾间，升上泥丸，过明堂，入华池，神水渐涨，下重楼，入绛宫，直至丹田。"

〔四〕焕，鲜明、光亮，如班固的《西都赋》曰："焕若列宿，紫宫是环。"

〔五〕人身小天地，是古代天人合一观思想的反映，也是古代中医学的基础理论，强调人的存在与自然存在的统一性，具体表现为"天人相应"或"天人相参"。如《黄帝内经·灵枢·邪客》曰："天圆地方，人头圆足方以应之；天有日月，人有两目；地有九州，人有九窍；天有风雨，人有喜怒；天有雷电，人有音声；天有四时，人有四肢；天有五音，人有五脏；天有六律，人有六腑；天有冬夏，人有寒热；天有十日，人有手十指；辰有十二，人有足十指，茎、垂以应之，女子不足二节，以抱人形；天有阴阳，人有夫妻；岁有三百六十五日，人有三百六十五节；地有高山，人有肩膝；地有深谷，人有腋腘；地有十二经水，人有十二经脉；地有泉脉，人有卫气；地有草蓂，人有毫毛；天有昼夜，人有卧起；天有列星，人有牙齿；天有小山，人有小节；地有山石，人有高骨；地有林木，人有募筋；地有聚邑，人有䐃肉；岁有十二月，人有十二节；地有四时不生草，人有无子。此人与天地相应者也。"

〔六〕万物莫能比，其意谓天地之间最贵者为人，如《荀子·王制》曰：
　　"水火有气而无生，草木有生而无知，禽兽有知而无义，人有气
　　有生有知亦且有义，故最为天下贵也。"曹操的《度关山》亦有
　　句云："天地间，人为贵。"

〔七〕太虚，在中国古代文化里有多种含义，而文中的"太虚"，乃指构
　　成宇宙万物最原始的物质——气。如宋代学者张载的《正蒙·太
　　和》曰："太虚无形，气之本体，其聚其散，变化之客形尔。"

〔八〕假借，借助，如《庄子·至乐》曰："生者，假借也。"

〔九〕四大假合形，佛教认为，地、水、火、风四者广大，能氤氲生成一
　　切事物与道理。

凡圣同归篇第三

凡夫多契（吃）假〔一〕，美衣饰其体。

徒务他人戏（观）〔二〕，美食日复日。

人人皆如此，碌碌天地间。

不暇计生死，总被名利牵。

一朝神气散，油尽而灯灭〔三〕。

身尸埋圹野，惊魂一梦摄〔四〕。

万苦与千辛，幻境〔五〕无休歇。

圣人独认真，布衣而蔬食。

不贪以持己〔六〕，岂为身口累。

参透天与地，与我本一体〔七〕。

体虽有巨细，灵活原无异。

天地有日月，人生两目具〔八〕。

日月有晦朔，星与灯相继。

纵或星灯灭，见性绿（终）不波（没）〔九〕。

纵成瞽目人，伸手摸着鼻。

通身俱是眼，触着则物倚〔一〇〕。

此是心之灵，包罗天与地。

能见不以目，能听不以耳。

心若能清净，不为嗜欲逼。

自知原来处，归向原来去。

凡夫与圣人，眼横鼻长直〔一一〕。

同来不同归，因彼多外驰〔一二〕。

若能收放心，常提生与死。

趁此色健身（身色健）〔一三〕，精进用以力。

《洗髓》还本原〔一四〕，凡圣许同归。

【校释】

〔一〕凡夫，佛教中指不达真理之众生；契，市隐斋本作"吃（喫）"，当是，这里表示被动之义，如"吃惊"。凡夫多吃假，意谓一般的百姓都被假象所迷惑。

〔二〕戏，市隐斋本作"观"，当是。

〔三〕两汉之际桓谭的《新论·形神》曰："精神居形体，犹火之然烛矣……烛无，火亦不能独行于虚空。"

〔四〕摄，通"慑"，害怕之义，如西汉桓宽的《盐铁论·诛秦》曰："东摄六国，西畏于秦。"

〔五〕幻境，虚假之境，古代诗文中常用来比喻世事的变化无常，如唐人王维的《为兵部祭库部王郎中文》曰："深悟幻境，独与道游。"

〔 六 〕持己，即持身，意谓立身处世之义，如《列子·说符》曰："子列子学于壶丘子林，壶丘子林曰：'子知持后，则可言持身矣。'"

〔 七 〕与我本一体，市隐斋本作"与我同一气"。

〔 八 〕《黄帝内经·灵枢·邪客》曰："天有日月，人有两目。"

〔 九 〕见性绿不波，常熟市图书馆来章氏本作"见性终不没"，当是。"性"在中国文化语境里有着多种含义，如性为生命，为阴阳，为理等。性理不没是道教内丹理论的重要内容，如《张三丰全集·玄要篇》有句云："性要悟，命要传，休将火候当等闲。闭目观心守本命，清净无为是根源。"

〔一〇〕通身俱是眼，触着则物倚，佛教公案故事，典出《五灯会元》卷五，其曰："道吾问：'大悲千手眼，那个是正眼？'师曰：'如人夜间背手摸枕子。'吾曰：'我会也。'师曰：'作么生会？'吾曰：'遍身是手眼。'师曰：'道也太煞道，只道得八成。'吾曰：'师兄作么生？'师曰：'通身是手眼。'"该典故喻指全身都是手，全身都是眼，而进入一如之境界。后文的"能见不以目，能听不以耳"，亦是此意。

〔一一〕眼横鼻直，佛教公案故事，比喻如实知见。典出明人道霈所续编其师元贤的《继灯录》，据说宋代有位日僧道元来华学佛，但"历尽丛林只是等闲"，最后学于天童寺的如净和尚，随侍三年，"当下认得眼横鼻直，不被人瞒"，受曹洞宗禅法、法衣以及《宝镜三昧》《五位显法》等回国。

〔一二〕外驰，指人的精力、心意都羁绊于七情六欲的世俗之间。

〔一三〕趁此色健身，市隐斋本作"趁此身色健"，当是。

〔一四〕本原，原来的状态。《洗髓》还本原，也即通过《洗髓经》的修炼，回归到原先的状态，这也是道教内丹理论中非常强调的"顺为凡，逆为仙，只在中间颠倒颠"。

物我一致篇第四

万物非万物，与我同一气[一]。

幻出诸形相，辅助生成意。

有人须有物，用作衣与食。

药饵及器皿，缺一即不备。

飞潜与动植[二]，万类为人使。

造化恩何洪，妄杀成暴戾。

蜉蝣[三]与蚊蝇，朝生而暮死。

龟鹤麋与鹿，食少而服气[四]。

乃得享长年，人而不如物。

只贪衣与食，忘却生与死。

苟能却嗜欲，物我而一致[五]。

【校释】

〔一〕"气"在中国文化语境中有着多种含义，如为云烟或云气，为元气，为构成万物的本原或本体等，而文中的"气"，依其文意当指"客观存在的质料或元素"。《庄子·知北游》曰："人之生，气之聚也。聚则为生，散则为死……故万物一也。"明确提出了"通天下一气耳"的观点。

〔二〕飞潜与动植，乃指四类有生命的物体，飞为天上的禽鸟，潜为水中的鱼类，动为陆地的动物，植为土中的树木。因此，四类都有各自的生命，故后句云"妄杀成暴戾"。

〔三〕蜉蝣，虫名，其生命周期极短，宋人罗愿的《尔雅翼·释虫》曰："蜉蝣朝生而暮死。"

〔四〕龟鹤麋与鹿,乃与蜉蝣相对的四种长寿之物。其中,"龟鹤"最为常见,如晋人郭璞的《游仙》诗有句云:"借向蜉蝣辈,宁知龟鹤年。"人们的社会用语中也有诸如"龟龄鹤寿""龟鹤遐寿"等说法。麋,其头似马、角似鹿、尾似驴、蹄似牛,俗称四不象,大概这是种较为珍贵的稀有兽类,故被视为与长寿有关的动物,如宋人欧阳修的《六一题跋·后汉北海相景君铭》曰:"碑铭有云:'不永麋寿'。余家集录三代古器铭有云眉寿者,皆为麋。"不过,此四种动物中除龟与"服气"有关(如早在晋人葛洪的《抱朴子内篇》里已提到"龟咽"之法)外,鹤、麋及鹿似乎与"服气"并无多大关系,称其"食少而服气",或因认为其长寿所致。

〔五〕物我一致,指所进入的一种物我不分,亦即物我两忘、浑然一体的境界。其意源于《庄子·齐物论》,其曰:"昔者庄周梦为胡蝶,栩栩然胡蝶也,自喻适志与,不知周也。俄然觉,则蘧蘧然周也。不知周之梦为胡蝶与,胡蝶之梦为周与?"

行住立坐卧睡篇第五

行如盲无杖,自然依本分。
举足低且慢,踏实方可进。
步步皆如此,时时戒急行。
世路〔一〕忙中错,缓步保平安。
住如临崖马〔二〕,亦如到岸舟。
回光急返照〔三〕,认取顿足〔四〕处。
不离于当念,存心勿外务〔五〕。
得止宜知止,留神守空谷〔六〕。

立定勿倾斜,形端身自固。

耳目随心静,止水与明镜[七]。

车(事)物[八]任纷纷,现在皆究竟。

坐如邛(邱)山[九]重,端直肃仪容。

闭只(口)[一〇]深藏舌,出入息与鼻。

息息归元海[一一],气足神自裕。

浃骨并沦髓[一二],教外别传的[一三]。

卧如箕形曲,左右随其宜。

两膝常参差,两足如钩钜。

两手常在腹,扪脐摸下体[一四]。

睾丸时挣剁(搓)[一五],如龙戏珠势。

倦即侧身睡,睡中自不迷。

醒来方伸足,仰面亦不拘。

梦觉详无异,九载见端的[一六]。

超出生死关,究竟如来意。

行住坐卧篇,只此是真谛。

【校释】

〔 一 〕世路,人世间的道路,也指人们一生处世行事的历程。

〔 二 〕崖马,行走悬崖边的马,与下句"亦如到岸舟"呼应,意指时时小心谨慎。

〔 三 〕回光返照,比喻人将死时神志忽然清醒或短暂的兴奋,这里指自我省察,如普济的《五灯会元·道楷禅师》曰:"凡圣皆是梦言,佛及众生并为增语,到这里回光返照,撒手承当。"

〔 四 〕顿足,以脚跺地,形容着急的样子。

〔五〕勿外务,市隐斋本作"勿妄动"。

〔六〕空谷,一般指深谷,而文中的"空谷"依上下文,当指丹田。守空谷,亦即守丹田。

〔七〕止水与明镜,意谓心如止水,不可以波之也,又如明镜,不可以尘之也,形容能够以宁静坦诚的心情面对任何事物的一种心性境界。明人王一清的《道德经释辞》曰:"圣人之无为,乃是指其心如明镜止水,物至则照,物去则空,事物之来,一切循乎自然,顺其理而应之,以辅万物之自然,虽有为犹无为,故曰无为而无不为也。"

〔八〕车物,市隐斋本作"事物",当是。

〔九〕邛山,天津影印本作"邱山",当是。坐如邱山重,意为坐姿端庄,清人郑世元的《感怀杂诗》有句云:"大义在不辱,守身重邱山。"坐如邛山重,市隐斋本作"坐如山岳重"。

〔一〇〕只,依上下文意,当为"口"字之误。

〔一一〕元海,亦即"气海",李时珍的《奇经八脉考·任脉》中称此处为"男子生气之海"。

〔一二〕浃骨并洽髓,意为浸透骨髓,与骨髓融洽合一。

〔一三〕教外别传,达摩所传禅宗的特点是"不立文字,教外别传",意思是不依赖佛经而直传佛祖心印,通过自身感悟来体会佛理,因此称为"教外别传"。

〔一四〕扣脐摸下体,当是《易筋经·下部行功法》中所说的用手行功之法。

〔一五〕挫,当为"搓"字之误。见《下部行功法》。

〔一六〕端的,究竟、委细,如宋代柳永的《征部乐》词有句云:"凭谁去花衢觅,细说此中端的。"

洗髓还原篇第六

易筋功已毕，便成金刚体。

外感不能侵，饮食不为积。

还怕七情伤，元神[一]不自持。

虽具金刚相，犹是血肉躯。

须照《洗髓经》，食少多进气。

搓摩干沐浴[二]，按眼复按鼻。

摸面又旋[三]耳，不必以数拘。

乜眼[四]常观鼻，合口任鼻息。

每（勿）[五]去鼻中毛，切戒唾远地[六]。

每日五更起，吐浊纳清气。

开眼去小便，切勿贪酣睡。

厚褥趺跏坐，宽解腰中系。

右膝包左膝，调息舌拄（抵）腭[七]。

胁腹运尾间，推肾手推搦。

分合按且举，握固按双膝。

鼻中出入绵，丝（绵）[八]绵入海底。

有池透（津续）[九]咽之，以意送入腹。

知（叩）牙鸣天鼓[一〇]，两手俱掩脐。

伸足扳其趾[一一]，出入六六息[一二]。

两手按摩竟，良久方拳立[一三]。

左脚亦如然，按摩工已毕。

徐徐方站起,行稳步方移。

忙中恐之(有)〔一四〕错,缓步为定例。

三年并九载,息心并涤虑。

浃骨更洽髓,脱壳飞身去。

渐几浑化天,末后究竟地。

即说偈〔一五〕曰:

口中言少,心头事少,腹里食少,自然睡少。有此四少,长生可了。

【校释】

〔 一 〕元神,指与生俱来的禀受于先天的神气,如明代的《性命圭旨》曰:"父母媾精之后,一点灵光……元从太虚中来者,我之元神也。"

〔 二 〕搓摩干沐浴,即下文屡屡提到的"按摩"。在中国古代,按摩既是一种医疗手段,也是一种养生方法。

〔 三 〕旋,市隐斋本作"撚"。

〔 四 〕乜眼,将眼睛眯成缝地观看。乜眼,市隐斋本作"闭眼"。

〔 五 〕每,依上下文意,当为"勿"字之误。

〔 六 〕切戒唾远地,即古代养生理论中一再强调的"唾不及远",源出《抱朴子内篇·极言》,其曰:"是以养生之方,唾不及远,行不疾步,耳不极听,目不久视,坐不至久,卧不及疲。"

〔 七 〕拄,市隐斋本作"抵",当是。舌抵腭,即舌抵上腭,明人李中梓的《删补颐生微论》曰:"卧时坐于床,垂足解衣,闭息,舌抵上腭,目视顶门,提缩谷道。"舌抵上腭也是道家内丹理论中所谓的"搭鹊桥"。

〔 八 〕丝,市隐斋本作"绵",当是。

〔九〕池透，常熟市图书馆来章氏本、市隐斋本作"津续"，当是。

〔一〇〕知牙，常熟市图书馆来章氏本作"叩牙"，当是。叩牙，即叩齿，乃传统养生方法之一，如唐代孙思邈的《备急千金要方》中指出："每晨起，以一捻盐纳口中，以温水含揩齿，及叩齿百遍，为之不绝，不过五日，齿即牢密。"　鸣天鼓，也是传统养生方法之一，该法最早见于丘处机的《颐身集》，其曰"两手掩耳，即以第二指压中指上，用第二指弹脑后两骨做响声，谓之鸣天鼓"，在后世的《河间六书》《圣济总录》《修龄要旨》和《养生十六宜》中也都有关于"鸣天鼓"的记载。

〔一一〕伸足扳其趾，犹如传统坐式"八段锦"中的"叉手双虚托，低头攀足频"。

〔一二〕六六，意谓六的六倍三十六，语出《鹖冠子·度万》，其曰："五音六律，稽从身出，五五二十五以理天下，六六三十六以为岁式。"因此，所谓"六六息"，也即三十六次呼吸。

〔一三〕拳立，身体微微向前站立。明人张宁有句云："独行澹无俦，拳立如有待。"

〔一四〕之，常熟市图书馆来章氏本作"有"，当是。

〔一五〕偈，佛经中的颂词，偈佗的简称，多以三言、四言、五言、六言、七言以至多言为句，四句合为一偈。梁慧皎的《高僧传·鸠摩罗什传》曰："从师受经，日诵千偈，偈有三十二字，凡三万二千言。"偈有通偈、别偈之分。

翻译经义后跋

前译经文，后译名义〔一〕。

文言名义〔二〕，异味（意义）〔三〕可通。

梵语达摩，华言法空[四]。

空诸所有，不即不离。

人若执经，终不通移。

分门别曰(户)[五]，我慢自趋[六]。

同己则许，异己则毁。

在教泥教，老死范围。

如此之人，迂而且鄙。

坐井观天，蟪蛄[七]为期。

祖师圆通，东游西归。

只履独步，熊耳灭迹。

不惟空度，且并空理。

无罣无碍，得大自在。

噫嘻吾师，天纵生知。

生于默识，幼而颖异。

少游欣(印)度[八]，穷有敬谊。

不泥言筌[九]，直见渊源。

暗(时)[一〇]来东土，直指性地[一一]。

解缠出缚[一二]，天人师资。

感祖洪慈，遗兹妙谛。

后之见者，慎勿漠视。

传临济[一三]正念篇第七

月庵超昱绪欣内典[一四]翻译

【校释】

〔一〕名义,市隐斋本作"口意"。

〔二〕名义,市隐斋本作"名异"。

〔三〕异味,市隐斋本作"意义",当是。

〔四〕将达摩所传称为"法空",或与达摩所传禅法之"凝住壁观"的
特点有关。就壁观的本意而言,是以墙之土色为观想的对象,
并进而将天地融为一色,以达到心灵的清净,进入一种无执著
之境。如唐代宗密的《禅源诸诠集都序》卷上之二曰:"达摩以
壁观教人安心,云外止诸缘,内心无喘,心如墙壁,可以入道。"

〔五〕曰,市隐斋本作"户",当是。

〔六〕我慢,佛教用语,意谓自高自大,侮慢他人;自趋,自然而然地朝
此情势发展。

〔七〕蟪蛄,昆虫名,夏生秋死,其生命周期很短,如《庄子·逍遥游》
曰:"朝菌不知晦朔,蟪蛄不知春秋。"

〔八〕欣度,市隐斋本作"印度",当是。

〔九〕筌,一种捕鱼的竹制用具,语出《庄子·外物》,其曰:"筌者所以
在鱼,得鱼而忘筌;蹄者所以在兔,得兔而忘蹄。"不泥言筌,指
不拘泥于言语文字。

〔一〇〕暗,常熟市图书馆来章氏本作"时",当是。市隐斋本作"特"。

〔一一〕直指性地,即达摩所传禅宗强调的"直指人心,见性成佛"。

〔一二〕解缠出缚,即从一些外在的戒律、形式中解脱出来,从而进入一
种无碍自在而直接"明心见性"洞见真知的境界。宋释道原的
《景德传灯录》卷五中记载了这样一件事,在禅宗史上具有承前
启后作用的马祖刚开始习禅时曾整日枯坐,怀让禅师为了启发
他就拿块砖在地上磨,于是就有了中国禅宗史上一段著名的对
话:马祖问:"师作什么?"师曰:"磨作镜。"马祖说:"磨砖岂能

成镜邪？"师曰："坐禅岂得成佛邪？"

〔一三〕临济，即临济宗，禅宗发展至晚唐五代分化成沩仰、曹洞、临济、云门和法眼五家，也就是中国禅宗史上所谓的"一花五叶"。据《五灯会元》等书记载，达摩大师在传法给二祖慧可时就曾有偈言云："吾本来兹土，传法救迷情。一花开五叶，结果自然成。"

〔一四〕内典，这里意指佛教经典。

后　记

　　2011 年 2 月，人民体育出版社出版了本人的《易筋经四珍本校释》一书，幸得读者首肯，其后数次再版，国家体育总局健身气功管理中心还曾将此书作为健身气功骨干培训班的辅导读物。然而，在稍后的翻阅中，我发现该书无论断句还是注释，尚有一些疏漏不足之处，这也成为我多年来挥之不去的一个遗憾。

　　十年后的 2021 年 7 月间，中华书局的朱立峰先生来电与我联系，提出有意再版《易筋经四珍本校释》，同时希望本人能在原书基础上有所增益完善。经过再三斟酌、磋商，决定从三个方面对原书进行修改完善：一是仔细校读文献，纠正原书中的错字；二是推敲原书某些地方的断句；三是增益完善原书中的一些注释。另外，在原来四个文本的基础上，增加具有重要文献价值、现藏于国家体育总局武术研究院的《金刚三昧坚固地菩萨禅行》。同时，将书名易为《易筋经校释》。需要说明的是，本书前的《论易筋经》一文中有关《易筋经》成书时间下限问题的论述，汲取了中国人民大学张全海教授的相关研究成果，在此表示感谢！

　　学海无涯。清代郑板桥曾有言曰："为文需千斟万酌，以求一是。"因此留下了为人称道的"改而善者十之七"之说。此次重新修

订的《易筋经校释》能否做到"改而善者十之七"？在下真诚期待学
界同仁的指正，也期待社会上广大读者的评说！

2021 年 10 月于杭州寓所